Dokumentenmanagement
mit Microsoft Access

Vollwertiges DMS mit Quellcode und Erläuterungen

Prismproject Verlag Jürgen Klein

Herstellung und Verlag:
BoD – Books on Demand, Norderstedt
ISBN: 978-37504-1754-0

Inhalt

Einführung... 7
Hinweise zu diesem Buch.......................... 11
Installation des DMS............................... 15
Die zugrunde liegende Datenbank.............. 17
Frontend und Backend............................ 21
Beispieldatenbankanwendungen................ 22

1. Erste Schritte..................................... 23
1.1 Navigation...................................... 23
1.2 Struktur-Übersicht............................ 30
1.3 Wissensartikel suchen........................ 33
1.4 Wissensartikel anlegen....................... 37
1.5 Aktualisieren der KnowledgeBase.......... 50
1.6 KnowledgeBase beenden..................... 54
1.7 PDFCreator installieren...................... 56
1.8 OCR-Programm installieren................. 56

2.   Einfacher Import von Daten................ 59
2.1 Textverarbeitung aufrufen................... 59
2.2 Zwischenablage verwenden................. 59
2.3 Quelltext aus Datei laden 64

3.   Einfacher Export von Daten............... 67
3.1 Wissensartikel anzeigen und ausdrucken.. 67
3.2 Quelltext in eine Datei schreiben........... 67
3.3 Wissensartikel in eine Datei schreiben..... 69
3.4 Kurze E-Mails versenden.................... 71

4.   Zusätzliche Angaben und Hilfsmittel.... 75
4.1 KnowledgeBase Menü....................... 75
4.2 Funktionstasten................................ 75
4.3 Ergänzungen zu einem Datensatz.......... 76
4.4 Notizzettel...................................... 77

4.5 Light GUI einschalten................................... 78
4.6 Highlighting-Editor.................................... 78
4.7 Lesezeichen.. 78
4.8 Undo-Funktion.. 80
4.9 Anzahl gespeicherter Datensätze..................... 82
4.10 Größe der KnowledgeBase.......................... 82
4.11 Statusinformationen.................................. 83
4.12 Screen-Saver und Tastatur-Sperre.................. 84
4.13 Taschenrechner.. 84
4.14 Adressen-Verwaltung................................. 84
4.15 Google Suche.. 84
4.16 KnowledgeBase Vorschau........................... 85
4.17 Liste Sachverhalte 86

5. Hilfe und Fehlermeldungen........................ 87
5.1 Hilfe, Tooltipps und Statusleiste...................... 87
5.2 Handbuch... 87
5.3 Fehlermeldungen und Hinweise...................... 88
5.4 Administrator-Funktionen............................. 88
5.5 Shortcuts... 97
5.6 Text u. Hinweise vorlesen lassen..................... 99

6. Wissensartikel.................................... 101
6.1 Planung... 101
6.2 Sachverhalt anlegen..................................... 102
6.3 Thema anlegen.. 103
6.4 Wissensartikel anlegen................................. 104
6.5 Wissensartikel löschen.................................. 113
6.6 Recherche, SQL-Abfrage u. Mail-Search............. 116
6.7 Sammlung.. 128

7. Dokumente... 131
7.1 Dokumente scannen..................................... 131
7.2 Bild- und Office-Dokumente zuordnen................ 133
7.3 Ordnung von Dokumenten............................. 138

7.4 Dokument oder Office-Dokument/Bild anzeigen.... 138
7.5 Dokument/Bild löschen............................ 140
7.6 Office-Dokument löschen........................... 140
7.7 Dokument stempeln.................................. 141
7.8 Dokumente in Text umwandeln – OCR.............. 144

8. Akte.. **149**
8.1 Akte drucken.. 149
8.2 Akte automatisch stempeln.......................... 153
8.3 Akte in PDF-Datei schreiben......................... 158
8.4 Akte(n) auf CD/DVD brennen........................ 159
8.5 Akte „von Hand" zusammenstellen.................. 159

9. Wissensartikel als E-Mail versenden.............. **163**
9.1 Einzelner Artikel versenden......................... 163
9.2 Akte versenden...................................... 163
9.3 Verteiler nutzen..................................... 164

10. Wissensartikel ins Internet stellen................. **165**
10.1 Connection 165
10.2 Wissensartikel veröffentlichen..................... 166
10.3 Auf Wissensartikel über das Intranet zugreifen........ 167

11. Webseiten... **169**
11.1 Webbrowser.. 169
11.2 Webseiten speichern............................... 171
11.3 Navigieren in der Liste der Webseiten.............. 171
11.4 Webseiten löschen................................. 172

12. Sprachmemos..................................... **173**
12.1 Sprachmemos aufzeichnen......................... 173
12.2 Sound-Datei zuordnen............................. 173
12.3 Sprachmemos abspielen............................ 174
12.4 Sprachmemos löschen.............................. 174

13. Systemverwaltung.... **175**
13.1 System-Backup.. 175
13.2 Passwort.. 179
13.3 Support- und Checkfunktion.......................... 179
13.4 Initialisierung... 180
13.5 Front-End einkopieren................................. 182

14. Besondere Funktionen.................................. **183**
14.1 Adress- und Kommunikationsverwaltung........... 183
14.2 Mini-Workflow-Management......................... 187
14.3 Wissensnetzwerk-Optimierung....................... 189
14.4 Entscheidungshilfe Electre............................ 193

15. KnowledgeBase Update.............................. **197**
15.1 Update durchführen.................................... 197
15.2 Update Informationen................................. 197

Anhang.. **199**

1.   Strukturübersicht der KnowledgeBase............................. 201
2.   Button-Verzeichnis... 203
3.   Schnelle Recherche mit KBLite.................................. 205
4.   Schnelles Scannen von Dokumenten mit KBMain................ 207
5.   Tipps zur Verschlagwortung.................................... 209
6.   Platzhalter (Wildcards).. 211
7.   Sicherheit von Dateien... 213
8.   Programmfehler.. 215
9.   Zuordnung von Standardprogrammen........................... 217
10. Multitasking und/oder Multi-User Betrieb...................... 219
11. SQL.. 221
12. Programme in den Vordergrund holen.......................... 223
13. Globale Variablen und API Funktionen......................... 225

Einführung

Ein Dokumenten-Management-System, kurz DMS, dient der Verwaltung von Dokumenten. Dabei sollen nicht nur Papierdokumente, sondern auch Dateien, Internetseiten oder sogar Sprachaufzeichnungen verarbeitet werden können. Im weitesten Sinne sind mit dem Begriff Dokument also Informationen gemeint. Ein DMS in diesem Sinn ist also auch eine Wissensbasis.

Hinweis: Das hier vorgestellte Dokumenten-Management-System, wird in diesem Buch als *KnowledgeBase* bezeichnet. Wir sprechen also im Weiteren von **der KnowledgeBase**.

Die Verwaltung von Dokumenten umschließt das Einchecken, Ablegen und Auschecken der Informationen. Dabei soll die gesamte Verwaltung möglichst einfach und optimiert erfolgen und zwar so, dass bei der Arbeit mit Dokumenten und Informationen ein deutlicher Rationalisierungseffekt erfolgt.

Zunächst müssen dafür alle möglichen Informationen in das DMS eingegeben werden können. Die KnowledgeBase unterstützt dabei das Eingeben von Papierdokumenten, einfachen Textdateien, Office-Dateien, Webseiten und Sprachmemos. Die Eingabe der Informationen soll mit minimalem Aufwand erfolgen. Bei der KnowledgeBase reduziert sie sich, für Dateien, auf das Aufsuchen dieser über einen Dateiauswahldialog und für Papierdokumente auf das direkte Einscannen mit einer Ein-Klick-Funktion aus der KnowledgeBase-Oberfläche heraus. Weiterhin werden Sprachinformationen einfach aufgezeichnet und Webseiten durch aufrufen zugeordnet. Es können auch Texte direkt in die KnowledgeBase hineingeschrieben werden.

Kernfunktion eines DMS ist die Verwaltung - das Ablegen - der Informationen. Nach dem Einchecken, soll der Benutzer mit keinerlei weiteren Aufgaben über die Ablage, den Verbleib oder die

Organisation des Dokumentenbestandes belastet werden. Die Verwaltung soll also vollautomatisch erfolgen. Im Vergleich zur konventionellen Ablage von Dateien auf einem Computer sind damit bereits enorme Rationalisierungspotenziale erschlossen. Viele Klicks mit Kopier- und Einfügeoperationen sind auf ein Minimum wegrationalisiert. Im Durchschnitt werden hierfür in der KnowledgeBase ca. zehn Klicks und damit wertvolle Zeit eingespart.

Die reine Ablage von Informationen würde allerdings noch keinen Sinn machen. Informationen müssen auch wiedergewonnen und zur Verfügung gestellt werden. Entgegengesetzt zum Einchecken geht es hier also um das Auschecken von Informationen. Die KnowledgeBase bietet hier die Möglichkeit über natürlich sprachliche, logisch verknüpfte Abfragen Akten (zusammengehörige Informationen) aus dem Informationsbestand zu extrahieren. Die so zusammengestellten Akten oder einzelne Dokumente können dann ausgedruckt, gespeichert, als E-Mail an andere versendet oder über das Internet zugänglich gemacht werden – auch dies mit wenigen Klicks

Weil das Suchen von Informationen so wichtig ist gibt es in der KnowledgeBase gleich mehrere Verfahren um Informationen zu generieren:

1. Blättern in den Datensätzen (s. 1.1)
2. Auswahllisten für Ordner u. Seiten darin (s. 6.2, 6.3)
3. Suche in einem bestimmten Feld (s. 1.3, 6.6)
4. Filter (s. 6.6)
5. Datumsfilter (s. 6.6)
6. SQL-Abfrage (s. 6.6)
7. Vordefinierte Filter für aktuellen Sachverhalt, neu angelegte Wissensartikel, Wissensartikel die sich in der Cloud befinden oder Sammlungen

8. Suchen durch in „Augenschein" nehmen und zusammenstellen von „Hand"

Alleine das Zusammenstellen von Informationen wie es die
KnowledgeBase ermöglicht würde bei einer gleichwetrtigen Zu-
sammenstellung von Papierdokumenten zu unüberwindbaren
Problemen führen. Man kann in der KnowledgeBase Abfragen
formulieren, die so differenziert sind, das eine entsprechende
Auswertung „von Hand" schlicht weg gar nicht möglich wäre.

Zusammenfassend ist ein Dokumentmanagementsystem eine
Software zur einfachen Aufnahme, vollautomatischen Verwaltung und dem komfortablen Suchen und Ausgeben von Informationen.

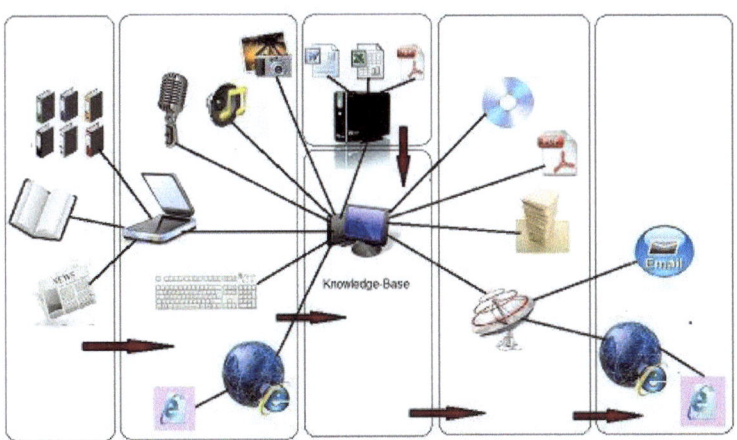

KnowledgeBase Übersicht

Hinweise zu diesem Buch

Jeder Abschnitt im Buch ist in drei Teile untergliedert:

1. der Anleitung wie man die entsprechende Funktion als Anwender benutzt
2. dem Quellcode zu der Funktion
3. den Erläuterungen zum Quellcode

Sie können das Buch also zunächst als Einführung zur KnowledgeBase nutzen. Lesen Sie dazu einfach die Hinweise zur Bedienung des Programms am Anfang jedes Abschnittes. Durch die Arbeit mit dem DMS als Anwender werden sie vertraut gemacht mit den Funktionen des DMS und können sich darüber hinaus gleich einen Eindruck von der Philosophie machen.

Danach erfolgt eine Beschreibung der jeweiligen Funktionen aus technischer Sicht. Dazu wird der Quellcode zur Funktion angegeben und erläutert (grau unterlegt). Die Erläuterungen sollen Sie in die Lage versetzten die entsprechende Funktion programmiertechnisch zu verstehen. Idealer Weise sollten sie die Funktion darauf aufbauend anpassen, erweitern und nach ihren Vorstellungen in eigenen Programmen nutzen. Es werden nur die DMS relevanten Funktionen veröffentlicht. Eine Update-Fuktion würde hierzu Beispielsweise nicht zählen. Ich werde im Buch nicht jede Einzelheit des Quellcodes erläutern. Der Leser sollte in der Lage sein, sich Teile selbst zu erschließen. Deshalb sollte der Leser auch über fortgeschrittene Kenntnisse in Access selbst und der VBA-Programmierung verfügen.

Sie finden den Code und die Erläuterungen dazu, geordnet nach den hier untergliederten Abschnitten, auch als Inhalt in der KnowledsgeBase selbst. Außerdem werden ihnen Beispieldatenbankanwendungen (s. Kapitel Installation) für größere Blöcke des veröffentlichten Codes zur Verfügung gestellt, so dass sie das Besprochene nicht noch einmal programmieren müssen, sondern den Code direkt in der Beispieldatenbankanwendung ausführen können.

Ich habe bei der Programmierung keinen Wert auf die Einhaltung eines Paradigmas gelegt oder darauf geachtet einen besonders schönen Programmierstil zu pflegen. Es ging mir nur darum die gewünschte Funktionalität zu implementieren und diese möglichst stabil zum Laufen zu bringen (der Zweck heiligt die Mittel). Es mag auch die eine oder andere Funktion fehlen oder es mag sein, dass die Philosohie noch ausbaufähig ist. Hier war meine Prämisse: besser ein „nicht ganz so perfektes" DMS, als gar kein DMS – und das sollte auch ihre Prämisse sein.

Die KnowledgeBase ist ein vollwertiges DMS, das zur Nutzung nicht erweitert werden muss. Wenn Sie aber insbesondere mit dem Gedanken spielen ein eigenes Dokumentenmanagement System zu programmieren, können sie die veröffentlichten Funktionen der KnoweldegBase gewinnbringend darin nutzen.

Sie dürfen die KnowledgeBase weder geltlich noch unengeltlich weitergeben. Eine kommerzielle Vermarktung der Knowledge-Base ist demnach nicht erlaubt. Wenn Sie die veröffentlichten Funktionen der KnowledgeBase allerdings in einem eigenen DMS verwenden (hierzu zählen auch die Beispieldatenbankanwendungen welche ich ihnen zum Downloaden bereitgestellt habe – s.S. 16) dürfen Sie dieses System auch kommerziell vermarkten.

Wichtiger Hinweis: Die in die KnowlegeBase intergrireten Zusatzprogramme dürfen unter bestimmten Bedingungen weitergegeben werden. Näheres dazu finden sie in den LICENCE- bzw. LIZENZ-Dateien im jeweiligen Ordner. Im Einzelnen sind folgende Programme integriert (in Klammern stehen die Ordnernamen. Mit -> sind Ordner gekennzeichnet die erst nach der Installation des Programmes vorhanden sind)

7-Zip (7-Zip)
AbiWord (AbiSuite2)
cdrtfe (cdrtfe)
espeak (espeakInstall), (eSpeakAnwendung), (-> espeak)
Hardiskogg (Rekorder)
java (java)
notepad++ (Notepad++)
PDFCreator (PDFCreatorInstall), (-> PDFCreator)
SumatraPDF (PDFReader)
sendEmail (sendEmail)
tesseract (Tesseract-OCR)

ACHTUNG: Die Zusatzprogramme müssen sie teilweise aus der KnowledgeBase-Oberfläche heraus installieren. Auf diese Weise „registriert" die KnowledgeBase, welche Programme ihr zur verfügung stehen. Ist so ein Programm schon anderweitig auf ihrem Computer installiert, kann es die KnowledgeBase nicht nutzen bzw. führt die Installation zu Fehlern. Stellen sie deshalb vor einer Installation der Zusatzprogramme sicher, dass das entsprechende Programm noch nicht auf ihrem Computer installiert ist. Ist das Programm doch schon installiert, deinstallieren sie es bitte aus der Windows-Systemsteuerung heraus. Im Übrigen reagiert die KnowledgeBase sehr empfindlich, wenn sie ein Programm falsch installieren. Meistens entstehen dadurch Fehler, die nur schwer bis gar nicht behebar sind. Achten sie also darauf die Zusatzprogramme schon beim ersten Versuch richtig zu installieren. Normalerweise erreichen sie dies, wenn sie keine Voreinstellungen im Installationsprogramm ändern und in das richtige Verzeichnis installieren.

Gewährleistungs- und Haftungsausschluss

Für die oben genannten, in die KnowledgeBase integrierten Zusatzprogramme, ist keine Gewährleistung gegeben. Weder das Programm, seine Funktionen oder seine Installation können in ihrer Funktionalität oder auf andere Art garantiert werden. Rechtsfolgen aus der Nutzung der Programme obliegen allein beim Anwender. Mit der zur Verfügung Stellung der Programme, insbesondere durch die Installation der KnowledgeBase, erkennt der Nutzer dies an.

Für die oben genannten, in die KnowledgeBase integrierten Zusatzprogramme, wird keine Haftung übernommen. Sach- oder Rechtsfolgen durch die Nutzung der Programme verbleiben allein beim Anwender.

Das Gleiche gilt für die KnowledgBase selbst (s. Anhang 8).

Installation des DMS

Das vorliegende DMS wurde unter Access 2007 erstellt. Es wäre demnach sinnvoll wenn auf ihrem Computer Microsoft Access 2007 installiert ist (ist für unter 150 € bei eBay zu haben). Sie können sich auch die Access Runtime herunterladen und installieren. Dadurch läuft die KnowledgeBase auf Ihrem Computer auch dann, wenn Sie über kein Access 2007 verfügen (allerdings können Sie dann in den Beispieldatenbanken – s. unten - keinen Code einsehen und bearbeiten). Laden Sie sich auf der folgenden Seite die KnowledgeBase herunter:

http://www.your-knowledgebase.de
Entpacken bzw. extrahieren Sie dann die zip-Ordner - im Windows-Explorer öffnen und dann auf <Alle Dateien Extrahieren> klicken. Bei Problemen mit der Seite alternativ http://www.das-grundlagenbuch.de

Ideale Systemanforderungen für die Installation

- CPU mit mindestens 3,2 GHz
- PC ab 4 GB Arbeitsspeicher
- Systemlaufwerk mit der Kennung „C:\"
- 500 GB Festplatte für Systemlaufwerk (ideal: SSD)
- Monitorauflösung ab 1280 x 1024 Pixel
- Mikrofon, Soundkarte u. Lautsprecher
- CD/DVD Brenner
- Flachbett-Scanner (TWAIN kompatibel)
- Windows XP / Vista / 7/ 8/ 10
- Internetverbindung

Installieren Sie die KnowledgeBase mit Doppelklick auf <Setup> im Knowledgebase Ordner. (ggf. vorher die Access Runtime auf die gleiche Weise installieren). Bitte auf keinen Fall das Installtionsverzeichnis ändern! Um nach der Installation die KnowledgeBase zu starten (dies dauert mehrere Minuten) doppelklicken sie auf das KnowledgeBase-Icon auf dem Desktop. Geben sie dann das Passwort:

„geheim"

ein. Quittieren sie die nächste Meldung mit <Open>. Warten sie dann – dies kann wiederum mehreren Minuten dauern - bis schließlich die KnowledgeBase geöffnet ist.

Um die <Open>-Meldung beim Start der KnowledgeBase abzuschalten klicken Sie in der geöffneten KnowledgeBase doppelt auf den roten Schriftzug <SW Off>. Bestätigen Sie dann alle Hinweise mit <Ja> bzw. <Ok>. Sie können danach auch den Schriftzug <SW Off> selbst entfernen in dem sie noch einmal darauf doppelklicken. Beim nächsten Start der KnowledgeBase erscheint die Sicherheitsmeldung dann nicht mehr.

Wenn Sie die KnowledgeBase zum ersten Mal nutzen müssen Sie den Lizenz-Schlüssel eingeben. Der Lizenz-Schlüssel lautet:

UXGWR-JINFI-YERAN-KCWXY-GHHKQ

Um die Buttons auf der Oberfläche zu finden, können Sie mit dem [Observer] Button ganz unten links die zu einem Kapitel gehörigen Buttons für 10 Sekunden blinken lassen.

Nach dem ersten Start der KnowledgeBase finden Sie weitere Links zu Zusatzprogrammen der KnowledgeBase auf dem Desktop.

Sie finden auf der Webseite auch einen Link zu Beispieldatenbankanwendungen für die Arbeit mit diesem Buch:

Entpacken Sie die heruntergeladene Datei und kopieren den inneren Ordner <Beispiele> ins Wurzelverzeichnis C:\ ihres Computers. Starten Sie dann von dort aus die Anwendungen <KnowledgeUser> aus den Ordnern <UserBase1..3) oder legen sie sich ggf. eine Verknüpfung auf den Desktop (s.a 13.1). Nach dem ersten Starten drücken sie zunächst den den <VB> Button um eine Verbindung zur Datenbasis herzustellen.

Die zugrunde liegende Datenbank

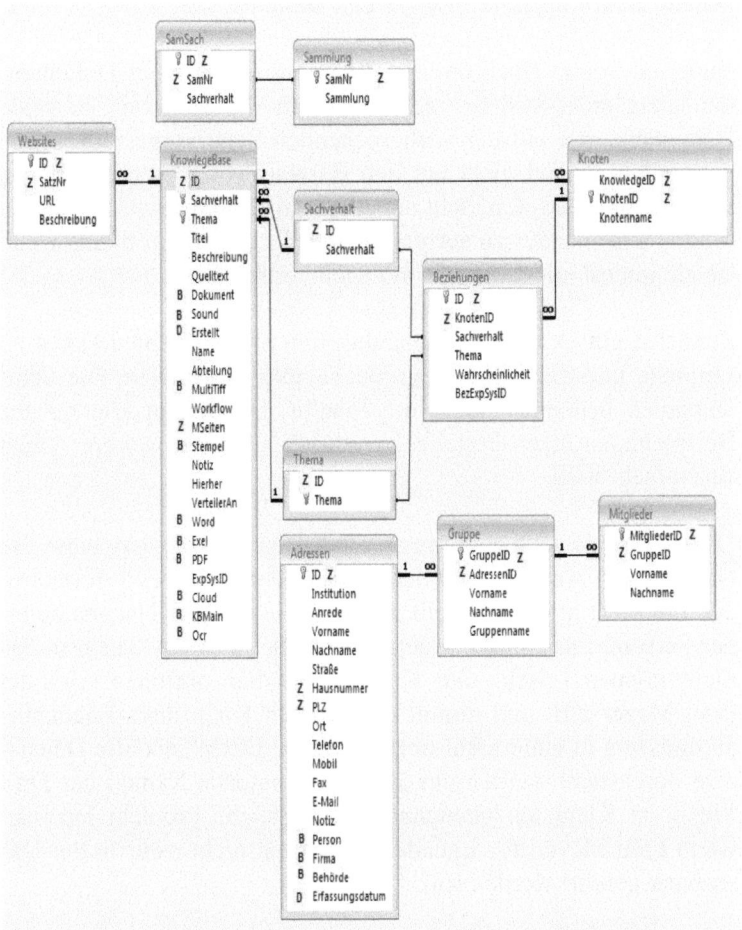

Datentyp der Felder: B – Boole, D – Datum, Z – Zahl, alle anderen Felder sind vom Typ Text (Tabellen und Felder können auch im SQL-Generator der KnowledgeBase angezeigt werden).

Wir besprechen im Folgenden der Vollständigkeit halber das Designen einer Datenbank ausgehend vom Entwurf der Datenbank über deren Implementierung bis hin zu ihrer Verwendung durch Datenbankabfragen, Formulare und Berichte.

Da es in diesem Buch um die Programmierung eines Dokumentenmanagement-Systems geht bei dem die zugrunde liegende Datenbank, wie auf der vorhergehenden Seite vorgestellt, schon vorhanden ist und nicht um den Entwurf von Datenbanken an sich brauchen sie sich nicht unbedingt mit den folgenden Erläuterungen auseinander zu setzen. Es schadet aber auch nichts wenn sie zumindest mit diesen Grundlagen vertraut sind.

Zunächst gilt es beim Datenbankdesign alle relevanten Daten zu sammeln und diese in eine große Tabelle einzutragen. Die Spaltennamen benennen dabei die Inhalte. Die Zeilen können aus Beispieldatensätzen bestehen, wodurch auch die weitere Arbeit vereinfacht wird.

Damit eine Datenbank immer eindeutige Inhalte hat muss sie Normalisiert werden. Ziel der Normalisierung ist es Informationen die nicht mehr unterteilt werden, wie z.B. der Nachname einer Person, nur einmal in der Datenbank zu halten. Tut man das nicht können Lösch- und Updateanomalien auftreten. Heiratet Frau Meyer z.B. und nimmt den Namen Klein ihres Ehemanns an, müssten in einer nicht normalisierten Datenbank alle Datensätze durchsucht werden um alle vorkommende Namen der Frau Meyer in Klein umzubenennen. Das gleiche Problem hat man wenn Frau Meyer aus irgendeinem Grund nicht mehr in der Datenbank geführt werden soll.

Im ersten Schritt der Normalisierung werden zusammengehörige Informationen in eigenen Tabellen zusammengefasst. Nun müssen für diese Tabellen die Spaltennamen atomisiert werden. Eine

Spalte „Name" müsste Beispielsweise in zwei Spalten mit den Überschriften „Vorname" und „Nachname" zerlegt werden.

Im nächsten Schritt werden Wiederholungsfelder entfernt. Hat man Beispielsweise eine Tabelle mit Abteilung, Abteilungsleiter und Angestellter, gibt es für einen Datensatz in den Feldern Abteilung und Abteilungsleiter mehrere gleiche Einträge – eine Abteilung hat mehrere Angestellte. Die Tabelle muss deshalb unterteilt werden in die Tabelle mit den Feldern Abteilungsnummer (s.u. Schlüssel), Abteilung und Abteilungsleiter und die weitere Tabelle mit den Feldern Angestellter, Abteilungsnummer.

Die Tabellen lassen sich nun durch das Datenbank-Management-System DBMS von Hand implementieren oder durch SQL - Anweisungen aus einem Programm heraus erstellen. Es geht hier lediglich darum die Spaltennamen anzugeben und deren Datentyp festzulegen.

Für jede Tabelle muss nun ein eindeutiger Schlüssel festgelegt werden. Üblicherweise führt man dazu eine Zahlenspalte ein für deren Datensätze dann automatisch vom System eine eindeutige Nummer vergeben wird. Man kann einen Schlüssel aber auch aus Feldern einer Tabelle erstellen für die dann der gesamte Datensatz eindeutig bestimmt sein muss. Bei einem solchen Vorgehen dürfen die vom Schlüssel abhängigen Felder nicht von einem Teil des Schlüssels abhängen. Sollte dies der Fall sein, entfernt man das abhängige Feld aus der Ausgangstabelle und erstellt eine neue Tabelle mit diesem Feld und dem abhängigen Teil des Schlüssels. Genauso geht man vor, wenn vom Schlüssel abhängige Felder untereinander abhängig sind.

Die einzelnen Tabellen werden schließlich durch Beziehungen miteinander verknüpft. Die Verknüpfung erfolgt von einer Spaltenüberschrift der einen Tabelle zu einer Spaltenüberschrift – mit dem gleichen Datenfeldtyp und Datenfeldinhalt - der anderen Tabelle. Zu unterscheiden sind dabei Beziehungen von einem Datensatz zu mehreren anderen Datensätzen und von einem Datensatz zu genau einem anderen Datensatz. Gibt es Beziehungen von mehreren Datensätzen zu mehreren anderen Datensätzen löst man die entsprechenden Felder beider Tabellen heraus und fügt sie in einer neuen Tabelle zusammen. Die beiden Ursprungstabellen haben dann wieder eine Beziehung von einem zu mehreren anderen Datensätzen jeweils in der neuen Tabelle. Über Beziehungen kann auch festgelegt werden, dass wenn Daten in der einen Tabelle gelöscht werden, die zugehören Daten auch automatisch in der anderen Tabelle gelöscht werden.

Für die Datenbankprogrammierung gibt es die Abfragesprache SQL. Für eine SQL – Abfrage kann man Spalten aus einer oder mehreren Tabellen auswählen und für die resultierenden Daten Bedingungen formulieren. Anschaulich gesprochen wäre z.B. eine Abfrage aus drei Tabellen ähnlich einem Rechteckigen Körper dessen Schnittpunkte für Länge, Breite und Höhe die resultierenden Daten wären, nur, dass die SQL – Abfrage den Körper platt macht und die Ergebnisse in einer Ebene darstellt. Hierbei werden Daten auch wiederholt – so wie im Fall des Rechteckigen Körpers – es sei denn man unterdrückt dies ausdrücklich.

Formulare zur Eingabe von Daten lassen sich automatisch aus Tabellen heraus generieren. Diese Oberflächen können nun noch individuell angepasst werden.

Berichte setzen ebenfalls auf Tabellen und Abfragen auf und können ebenfalls automatisch generiert und noch individuell im Design angepasst werden.

Sowohl Abfragen als auch Formulare oder Berichte können selbstverständlich alternativ mit der Datenbankprogrammierung durch Programmcode erzeugt werden.

Dokumente in der KnowledgeBase werden nicht in der Datenbank gehalten sondern als Datei in einem bestimmten Ordner gespeichert. Solche Dateien enthalten in ihrem Namen die Satznummer des korrespondierenden Wissensartikels wodurch sie eindeutig zugeordnet sind.

Wegen dieser Philosophie wurde auch Access 2007 verwendet. Access 2007 unterstützt noch die Programmierung von Desktop Datenbankanwendungen. Neuere Access-Versionen weichen von dieser Philosophie erheblich ab.

Frontend und Backend

Ein professionelle Datenbank-Anwendung sollte immer in ein Front- und ein Backend unterteilt werden.

Das Frontend enthält dabei die Benutzeroberfläche und die Programmfunktionalität.

Das Backend dagegen nur die Daten.

Dies hat den Vorteil, dass man jederzeit Änderungen am Programm vornehmen kann ohne dabei die bereits gesammelten Daten ändern oder löschen zu müssen bzw. kurz gesagt die Daten nicht in irgendeiner Weise gefährdet.

Außerdem kann man durch überschreiben der Anwendung mit einer neueren Version problemlos Updates bereitstellen.

Und last but not least ist nur so ein Client-Server Betrieb der Datenbankanwendung möglich.

Eine solche Aufteilung in Front- und Backend kann man in Access unter dem Menüpunkt [Datenbanktools – Daten verschieben – Access Datenbank] vornehmen.

Beispieldatenbankanwendungen

Falls sie ein eigenes DMS programmieren wollen, empfehle ich ihnen an dieser Stelle als Grundlage die zur Verfügung gestellten Beispiedatenbankanwendungen zu benutzen.

Mit den Beispieldatenbankanwendungen haben sie eine solide Basis. Der Code wurde in vielen hundert Fällen getestet. Sollte sich der Code in den Beispieldatenbankanwendungen einmal von dem hier angegebenen Code unterscheiden, ist der Code in der Beispieldatenbank, der aktuellere.

Konzentrieren sie sich zunächst auf die Gestaltung der Benutzeroberfläche. Diese kann durchaus für verschieden Anwendungsfälle unterschiedlich bzw. zweckdienlich für den Anwender eingerichtet werden. Sind Funktionen auf der Oberfläche die sie nicht brauchen stellen sie diese in den Eigenschaften einfach auf nicht sichtbar (evtl. auf einen freien bzw. ungenutzten Platz in der Oberfläche verschieben).

Spüren sie dann Anhaltspunkte zur Erweiterung der Funktionalität bezogen auf den gewünschten Anwendungsfall auf und erweitern sie die Beispieldatenbankanwendung entsprechend.

Programmieren sie letztlich diejenigen Funktionen die in diesem Buch gar nicht besprochen wurden, die sie in ihrem DMS aber zur Verfügung stellen wollen.

Das nächste Level: Nachdem ein Dokument eingescannt wurde könnte man es automatisch in Text umwandeln aus dem dann eine KI erkennt um welche Art von Dokument (Rechnung, Vertrag, Zeugnis usw.) es sich handelt und so die Verschlagwortung automatisch vornimmt. https://we-do.ai/automatische-dokumentenerkennung/

1. Erste Schritte

HINWEIS: In diesem Buch ist mit dem Begriff <Datensatz> und <Wissensartikel> dasselbe gemeint. Die <..> Klammern umschließen in der Regel Eigennamen (bei Eingaben müssen die Klammern < > natürlich weggelassen werden).

1.1 Navigation

Starten Sie die KnowledgeBase und geben sie im darauf folgenden Dialog das Passwort <geheim> ein. Der Hauptbildschirm der KnowledgeBase wird nun mit dem ersten in der KnowledgeBase gespeicherten Datensatz (Wissensartikel) angezeigt. Klicken Sie auf [Letzter] um zum letzten Datensatz in der KnowledgeBase zu springen. Klicken Sie nun auf [Nächster]. Es erscheint eine Meldung mit dem Hinweis, dass Sie sich am Ende der Knowledge-Base befinden. Klicken Sie auf [Erster] um zum ersten Datensatz in der KnowledgeBase zu springen. Klicken Sie nun auf [Vorheriger]. Es erscheint eine Meldung mit dem Hinweis, dass Sie sich am Anfang der KnowledgeBase befinden. Drücken Sie nun mehrmals den [Nächster] Button und dann mehrmals den [Vorheriger] Button. Sie bewegen sich dadurch je um einen Datensatz vor und zurück in der KnowledgeBase.

Quelltext

[Globale Variablen und API Funktionen]

Die KnowledgeBase enthält vorab eine ganze Menge globaler Variablen und API Funktionen. Eine globale Variable ist eine Variablendeklaration außerhalb aller Prozeduren bzw. Funktionen, also vor dem Beginn des Quelltextes eines Formulars. Das gleiche gilt für API Funktionen. Weil eine Auflistung hier die Abfolge sehr stören würde finden Sie die Deklarationen im Anhang. Für ihre eigenen Projekte kopieren sie diese einfach zusammenhängend an den Kopf des Hauptformulars (der Benutzeroberfläche).

[Verweise]

Außerdem sind in der KnowledgeBase folgende Verweise gesetzt:

Visual Basic For Applications
Microsoft Access 12.0 Object Library
Microsoft DAO 3.6 Object LIbrary
Microsoft Internet Controls
Microsoft Office 12.0 Object Library
Microsoft Visual Basic for Applications Extensibikity 5.3
Microsoft Office 12 Authorization Control 1.0 Type Library
Microsoft Windows Image Acquisition Library v2.0

Zum setzen von Verweisen öffnen sie einen beliebigen Quelltext, klicken dann im Menü [Extras] auf [Verweise] und dort in der Liste auf das Häkchen vor dem entsprechenden Eintrag. Zum Schluss bestätigen sie mit [OK].

[Variablen Vorbelegung]

Im Ereignis [Beim Laden] des Hauptformulars (der Benutzeroberfläche) müssen einige Variablen vorbelegt werden. Außerdem wird hier überprüft ob ein Drucker vorhanden ist.

```
Dim sp As DAO.Recordset
Dim res As String
Dim plc As Integer
Dim links As String
Dim rechts As String
Dim res1 As Double
Dim res2 As Double
Dim mStart As String
```

```
Dim iStart As String
Dim sTemp As String
Dim app As Application
Dim tbldef As TableDef
Dim Vs$
Dim laufwerk As String
Dim Verzeichnis As String
Dim a As Variant
Dim iSprechen As String
Dim dasmachen As Boolean

ProgExodus = False
progStart = Timer()

Sleep 100

wielangeAn = Now
BSchalter = False
marktext = ""
dasmachen = False
verschlagwortung = True
dublette = False
Me.Modal = True
Me.NWA = False
Me.ESperre = False
xanz = True
xyDPI = "300"
istUndoMoeglich = False
BilderAnzeigen = False
Me.BiAnz.Value = False
aakt = 1
xWievielS = 0
inbearbeitung = False
lightGUI = False
SWAus = False
Me.PGTop.BackColor = vbBlack

Open CurrentProject.path + "\ListeSachverhalt.txt" For Output As #1
Print #1, ""
Close #1
```

```
Open CurrentProject.path + "\ListeThema.txt" For Output As #1
Print #1, ""
Close #1

beendenerlauben = True
verteiler = False
Masterpfad = CurDir()
aktionloeschen = False

 'Püfen ob ein Drucker vorhanden ist
Dim prn As Printer
Dim zprn As Long
zprn = 0

For Each prn In Application.Printers
   zprn = zprn + 1
Next
If zprn = 0 Then
   MsgBox "Keine Drucker vorhanden!"
End If
Set ws = DBEngine.Workspaces(0)
Set db = CurrentDb()
Set rs = db.OpenRecordset("KnowlegeBase", dbOpenDynaset)
ns = "nein"

ende = False
merken = False

clipboard.SetText ("kein exodus")
Me.Exodus = False

Weiter_machen:
  Exit Sub
```

Buttons, Tasten und Ereignisse eines Formulars welche mit Quellcode hinterlegt werden sind im Folgenden in Fettschrift und eckigen Klammern angegeben.

[Erster]

```
If Not verschlagwortung Then
   MsgBox "Bitte erst diesen Wissensartikel verschlagworten bzw. warten _
   Sie bis der aktuelle Prozess beendet ist.", 48, "Bedienung"
   Exit Sub
End If

If Me.Sachverhalt.Value = "Neuer Sachverhalt" Or Me.Thema.Value = _
   "Neues Thema" Then
      Call Aktualisieren
End If

istUndoMoeglich = False
DoCmd.GoToRecord , , acFirst
```

Wir wollen auf den ersten Datensatz der KnowledgeBase platzieren. Dies erreichen wir indem wir der DoCmd.GoToRecord Methode den Parameter acFirst übergeben.

Zuvor überprüfen wir mit der globalen Variable verschlagwortung vom Typ Boolean ob der aktuelle Datensatz einen Sachverhalt (Ordnername) und ein Thema (Seitenname im Ordner) hat. Ist dem nicht so, wird die Funktion nicht ausgeführt.

Hat Sachverhalt und Thema den Eintrag „neuer Sachverhalt" bzw. „neues Thema" handelt es sich um einen gerade erst neu angelegten Datensatz. Für diesen wird nun eine Aktualisierung durch die Funktion Aktualisieren vorgenommen (s. 1.5).

Letztlich wird noch die Undo-Funktion der KnowledgeBase durch die globale Variable istUndoMoeglich vom Typ Boolean auf False gesetzt, also unterbunden.

Die Variablen verschlagwortung und istUndoMoeglich werden beim Laden der KnowledgBase Oberfläche auf <True> für verschlagwor-

27

tung und <False> für istUndoMoeglich initialisert. Wo sie ansonsten gesetzt werden wird an den entsprechenden Stellen behandelt.

Zur Ausgabe von Informationen an den Benutzer haben wir in der Prozedur die MsgBox Anweisung genutzt. Als einfache Ausgabe einer Information nutzt man sie in der Form:

```
MsgBox "Information für den Anwender", 64, "Titel".
```

Im zweiten Parameter übergibt man eine Zahl. Diese unterscheidet in der Darstellung der Dialogbox ob für 16 ein Stoppzeichen, für 32 ein Fragezeichen, für 48 ein Ausrufezeichen oder für 64 ein Informationszeichen dargestellt wird.

[Letzter]

```
DoCmd.GoToRecord , , acLast
```

Äquivalent zur Erster-Funktion nur diesmal mit dem Parameter acLast.

[Nächster]

```
If Not verschlagwortung Then
   MsgBox "Bitte erst diesen Wissensartikel verschlagworten bzw. warten Sie _
   bis der aktuelle Prozess beendet ist.", 48, "Bedienung"
   Exit Sub
End If

If Me.Sachverhalt.Value = "Neuer Sachverhalt" Or Me.Thema.Value = "Neues _
   Thema" Then
   Call Aktualisieren
End If

istUndoMoeglich = False
DoCmd.GoToRecord , , acNext

If IsNull(Me.Sachverhalt) Then
   DoCmd.GoToRecord , , acPrevious
```

```
MsgBox "Sie befinden Sich am Ende der KnowledgeBase", 64, "Hinweis"
Exit Sub
End If
```

Auch hier zunächst die Abfrage auf verschlagwortung, „Neuer Sachverhalt" und „Neues Thema" bzw. das setzen von istUndo-Moeglich.

Zum nächsten Datensatz gelangen wir dann indem wir der Methode DoCmd.GoToRecord den Parameter acNext übergeben.

Mit der Abfrage IsNull(Me.Sachverhalt) danach prüfen wir ob wir über das Ende der Datenbank hinaus geblättert haben. Ist dem so, erhält diese Abfrage den Wert <True> und wir blättern mit der Methode DoCmd.GoToRecord , , acPrevious auf den vorherigen Datensatz zurück, also auf den letzten Datensatz in der Knowledge-Base.

[Vorheriger]

```
On Error GoTo Fehler

If Not verschlagwortung Then
    MsgBox "Bitte erst diesen Wissensartikel verschlagworten bzw. warten Sie _
    bis der aktuelle Prozess beendet ist.", 48, "Bedienung"
    Exit Sub
End If

If Me.Sachverhalt.Value = "Neuer Sachverhalt" Or Me.Thema.Value = "Neues _
Thema" Then
    Call Aktualisieren
End If

istUndoMoeglich = False
DoCmd.GoToRecord , , acPrevious

Weiter_machen:
Exit Sub
```

```
Fehler:
MsgBox "Sie befinden Sich am Anfang der KnowledgeBase", 64, "Hinweis"
Resume Weiter_machen
```

Auch hier, wie bei den anderen Navigationsfunktionen, die Abfrage auf verschlagwortung, „Neuer Sachverhalt" und „Neues Thema" bzw. das setzen von istUndoMoeglich.

Zum vorherigen Datensatz gelangen wir wieder mit der Methode DoCmd.GoToRecord und diesmal dem Parameter acPrevious

Die Prozedur hat eine Fehlerbehandlung mit On Error GoTo Fehler eingebaut. Tritt ein Fehler auf wird zur Sprungmarke Fehler gesprungen. Dies können wir nutzen um beim Blättern über den Anfang der Datenbank hinaus (ein Fehler tritt auf) eine entsprechende Meldung anzuzeigen.

1.2 Struktur-Übersicht

Klicken Sie am linken Rand auf den Button mit dem [Buch]. Sie können nun einen Strukturbericht ausdrucken oder anzeigen lassen, der abgestuft Sachverhalt, Thema und Titel des aktuellen oder aller gespeicherten Wissensartikel auflistet. Im Bericht ist auch die Nummer <ID> jedes Datensatzes angegeben. Mit dieser <ID> können sie einen Wissensartikel unter anderem auch direkt suchen (s. nächster Abschnitt).

Quelltext
```
Dim stDocName As String
Dim stLinkCriteria As String
stDocName = "StrukturUebersicht"
stLinkCriteria = "[Sachverhalt]='" + Me![Sachverhalt] + "'"

If MsgBox("Strukturübersicht nur für diesen Sachverhalt?", 32 + 4, _
"Strukturübersicht erstellen") = vbYes Then
```

```
  If MsgBox("Soll die Strukturübersicht ausgedruckt werden?", 32 + 4, _
  "Struturübersicht erstellen") = vbYes Then
     DoCmd.OpenReport stDocName, acViewNormal, , stLinkCriteria
  Else
     DoCmd.OpenReport stDocName, acPreview, , stLinkCriteria
  End If
Else
  If MsgBox("Soll die Strukturübersicht ausgedruckt werden?", 32 + 4, _
  "Strukturübersicht erstellen") = vbYes Then
     DoCmd.OpenReport stDocName, acViewNormal
  Else
     DoCmd.OpenReport stDocName, acPreview
  End If
End If
```

Die Strukturübersicht ist ein Access Bericht. Wir rufen diesen mit der Methode DoCmd.OpenReport auf. Der Berichtsname wird im ersten Parameter mit stDocName übergeben.

In der Prozedur wird abgefragt ob eine Strukturübersicht nur für den Sachverhalt des aktuellen Datensatzes oder für alle Sachverhalte erstellt werden soll. Entscheidet sich der Anwender nur für einen Sachverhalt übergeben wir der Methode DoCmd.OpenReport als vierten Parameter die stLinkCriteria. Diese entspricht einer Where-Kondition in einem SQL-Ausdruck. Hier:

```
stLinkCriteria = "[Sachverhalt]='" + Me![Sachverhalt] + "'"
```

Beachten Sie dass hier ein String übergeben werden muss. Da dieser selbst Anführungszeichen enthält müssen diese als einfache Anführungszeichen angegeben werden. Für einen Sachverhalt <Rezepte> der in dem Datenbankfeld Me![Sachverhalt] steht würde also folgender String aufgebaut:

[Sachverhalt]="Rezept"

Danach wird abgefragt ob der Bericht ausgedruckt werden soll, in dem Fall erhält die Methode DoCmd.OpenReport als zweiten Parameter acViewNormal oder ob die Strukturübersicht nur angezeigt werden soll, dann erhält die Methode als zweiten Parameter acPreview.

Die dem Bericht zugrunde liegende Abfrage:

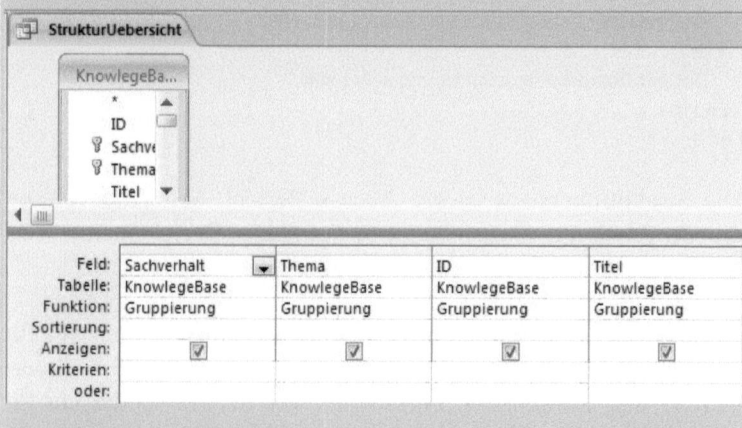

Zur Abfrage der Benutzerentscheidung nutzen wir die MsgBox als Funktion:

```
If MsgBox("Was tun?", 32 + 4, "Titel") = vbYes Then
    Aktion()
Endif
```

Im zweiten Parameter addiert man die gewünschte Funktionalität auf. Vier bedeutet es werden die Schaltflächen JA und NEIN angezeigt. Abgefragt wird ob der Benutzer JA (vbYes) angeklickt hat.

1.3 Wissensartikel suchen

Klicken Sie in das Feld in dem sie etwas suchen möchten und dann auf den Button [Suchen] links. Geben Sie im darauf folgenden Dialogfenster die gesuchte Information ein. Klicken Sie auf den [OK] Button. Der gesuchte Datensatz wird nun, falls die Information gefunden wurde, angezeigt (s.a. 6.6).

Quelltext

```
If Not verschlagwortung Then
    MsgBox "Bitte zuerst diesen Wissensartikel verschlagworten bzw. warten _
    Sie bis der aktuelle Prozess beendet ist.", 48, "Bedienung"
    Exit Sub
End If

If IsNull(Me.ID) Then
    MsgBox "Kein Datensatz aktiv!", 16, "Fehler"
    Exit Sub
End If

Screen.PreviousControl.SetFocus
istUndoMoeglich = False

Dim antwort As String
antwort = InputBox("Welche Information suchen Sie?", "Informationen _
suchen", "Hier den zu suchenden Text eingeben")

If antwort = "" Then
    MsgBox "Funktion wurde wegen fehlender Eingabe abgebrochen!", _
    16, "Eingabefehler!"
    GoTo hieraufhoeren
End If

Dim wasistaktiv As String
wasistaktiv = ActiveControl.Name

DoCmd.FindRecord antwort, acAnywhere, False, acSearchAll, False, _
acCurrent, True
```

```vba
If wasistaktiv = "Name" Or wasistaktiv = "Abteilung" Or wasistaktiv = _
"Erstellt" Or wasistaktiv = "Workflow" Or wasistaktiv = "ID" Then
    GoTo ueberspringen
End If

Dim weitersuchen As Boolean
weitersuchen = True
Dim satznr As Long
Dim einmal As Boolean
einmal = True

While weitersuchen
    If MsgBox("Wollen sie erneut suchen?", 32 + 4, "Informationen suchen") = _
    vbNo Then
        weitersuchen = False
        satznr = Me.ID
    Else
        einmal = False
        If wasistaktiv = "Sachverhalt" Then
            Me.OrderBy = "[Sachverhalt]"
            Me.OrderByOn = True
            Me.Sachverhalt.SetFocus
        End If
        If wasistaktiv = "Thema" Then
            Me.OrderBy = "[Thema]"
            Me.OrderByOn = True
            Me.Thema.SetFocus
        End If
        If wasistaktiv = "Titel" Then
            Me.OrderBy = "[Titel]"
            Me.OrderByOn = True
            Me.Titel.SetFocus
        End If
        If wasistaktiv = "Beschreibung" Then
            Me.OrderBy = "[Beschreibung]"
            Me.OrderByOn = True
            Me.Beschreibung.SetFocus
        End If

        If wasistaktiv = "Quelltext" Then
```

```
        Me.OrderBy = "[Quelltext]"
        Me.OrderByOn = True
        Me.Quelltext.SetFocus
    End If

    antwort = InputBox("Welche Information suchen Sie?", _
    "Information suchen", antwort)

    If antwort = "" Then
        MsgBox "Funktion wurde wegen fehlender Eingabe abgebrochen!", _
        16, "Eingabefehler!"
        GoTo hieraufhoeren
    End If

    DoCmd.GoToRecord , , acFirst

    DoCmd.FindRecord antwort, acAnywhere, False, acSearchAll, False, _
    acCurrent, False

  End If
Wend

If Not einmal Then
    Me.OrderBy = "[Sachverhalt], [Thema]"
    Me.OrderByOn = True
    DoCmd.GoToRecord , , acFirst
    While Not Me.ID = satznr
        DoCmd.GoToRecord , , acNext
    Wend
End If

ueberspringen:

hieraufhoeren:
  Me.Titel.SetFocus
  Me!Titel.SelStart = Me!Titel.SelLength
```

Zunächst fragen wir wieder die Verschlagwortung ab. Danach prüfen wir mit IsNull(Me.ID) ob überhaupt einen Datensatz aktiv

35

ist. Ist dem nicht so hat das Formularfeld ID den Wert <Null> und wir brechen die Suche ab.

Nun setzen wir mit Screen.PreviousControl.SetFocus den Focus auf das zuletzt aktive Steuerelement.

Mit istUndoMoeglich = False wird wie schon in den anderen Prozeduren die Undo-Funktion abgeschaltet.

Mit der InputBox fragen wir ab wonach der Benutzer sucht:

```
InputBox("Frage?", "Titel", "Vorbelegung")
```

War die Eingabe leer springen wir zur Sprungmarke hieraufhoeren: von wo aus die Suche geordnet verlassen wird.

Danach ermitteln wir mit wasistaktiv = ActiveControl.Name den Namen des aktiven Steuerelementes. Anschließend suchen wir nach der ersten Benutzereingabe:

```
DoCmd.FindRecord wasSuchen, woImFeld, GroßKlein, VonBis, Format, _
aktuellesFeld, WoBeginnen
```

Die Parameter haben folgende Bedeutung:

<wasSuchen> = der zu suchende Text (dieser kann auch Wildcards enthalten).
<woImFeld> = befinden sich die Daten am Feldanfang acStart, im gesamten Feld acEntire oder in einem beliebigen Teil des Feldes acAnywhere
<GroßKlein> = soll zwischen Groß- und Kleinschreibung unterschieden werden ja True oder nein False
<VonBis> = von wo bis wohin soll gesucht werden? acDown sucht vom aktuellen Datensatz bis zum Ende der Tabelle, acUp bis zum Anfang der Tabelle und acSearchAll durchsucht alle Datensätze der Tabelle.

<Format> immer auf False setzen

<aktuellesFeld> = bei acCurrent suche im aktuellen Feld mit acAll in allen Feldern.

<WoBeginnen> = True für am Anfang beginnen und False im Datensatz nach dem aktuellen Datensatz beginnen.

Für einige Felder der Datenbank wollen wir nur eine einmalige Suche zulassen und brechen deshalb, für den Fall das diese abgefragt geworden sind, die Suche hier ab.

Nun wird in einer While-Schleife die Suche solange wiederholt bis der Benutzer abbricht.

Hat der Benutzer mehrmals gesucht wird noch der korrekte Datensatz angezeigt.

Zum Abschluss wird der Fokus auf das <Titel> Feld gesetzt.

Hinweis: Funktionen wie die MsgBox oder FindRecord werde ich im Folgenden nicht mehr detailliert beschreiben, dies kann man in Büchern über Access-VBA nachlesen. In diesem Buch wollen wir uns ja mit der Programmierung eines Dokumentenmanagementsystems und nicht mit der Programmiersprache selbst beschäftigen.

1.4 Wissensartikel anlegen

HINWEIS: Zum Anlegen neuer Wissensartikel brauchen sie dafür Sachverhalte und Themen. Sollten diese noch nicht vorliegen, erstellen sie diese bitte vorab oder nutzen sie die <Neu> Funktionen hinter Sachverhalt und Thema (s. 6.1, 6.2 und 6.3).

Gehen sie zum Anlegen neuer Wissensartikel wie folgt vor: Drücken Sie den Button [Neuer Eintrag] am linken Rand. Es erscheint ein leerer Datensatz der bereits eine ID und einen pseudo

Sachverhalt <Neuer Sachverhalt> hat. Das Themafeld wird in der <UserBase3>, nicht aber in der <KnowledgeBase> zunächst ausgeblendet. Klicken Sie dann auf den Pfeil am rechten Rand des Feldes Sachverhalt. Darauf hin wird eine Liste geöffnet aus der sie einen Eintrag durch scrollen suchen und durch klick darauf auswählen können. Hierauf wird dann in der <UserBase3> das Themafeld eingeblendet. Machen Sie dort dasselbe (die gewählte Kombination aus <Sachverhalt> und <Thema> kann jeweils nur einem Wissensartikel zugeordnet werden, ansonsten erhalten sie einen Hinweis auf einen doppelten Datensatz). Nun können Sie dem Datensatz einen <Titel> geben, dies ist das Feld unter Sachverhalt und Thema, ihn im Feld <Beschreibung>, dies ist das große Feld in der Mitte, erklären und im Feld <Quelltext> (s.a. 7.8), dies ist das große Feld unten, den eigentlichen Inhalt ablegen. Wiederholen sie den Vorgang gegebenenfalls für weitere Wissensartikel. Wenn sie einen neu angelegten Wissensartikel physisch speichern und dann sofort in die KnowledgeBase einordnen wollen, drücken sie den [Aktualisieren] Button. Nach dem Aktualisieren wird, wenn neue Wissensartikel angelegt wurden, der letzte in der KnowledgeBase neu angelegte Wissensartikel angezeigt.

HINWEIS: Das Feld <NWA> oben links hat ein Häkchen, solange Wissensartikel vorhanden sind, die noch nicht in die KnowledegeBase eingeordnet wurden. Wenn sie mehr als einen neuen Wissensartikel anlegen, wird die KnowledgeBase jeweils für den vorhergehenden Datensatz automatisch aktualisiert.

Quelltext

[Neu - Sachverhalt]

```
Dim db As Database
Dim tSachverhalt As DAO.Recordset
```

```
Set db = CurrentDb
Set tSachverhalt = db.OpenRecordset("SELECT * From Sachverhalt")

Dim c1Eingabe As String

c1Eingabe = InputBox("Geben Sie einen neuen Sachverhalt ein!", _
"Sachverhalt anlegen", "Sachverhalt")

If Not isValidString(c1Eingabe, ",.:;?=)(/&%$§![]{}\@+*-_#'~<>°") Then
    MsgBox "Der Sachverhalt darf keine Satz- und Sonderzeichen _
    enthalten!", 16, "Fehler"
    Exit Sub
End If
If c1Eingabe = "" Then
  MsgBox "Fehlende Eingabe! Die Funktion wird abgebrochen.", 16, "Fehler"
  Exit Sub
End If
If c1Eingabe = "Neuer Sachverhalt" Then
  MsgBox "Dies ist ein Dummy Sachverhalt der nicht benutzt _
  werden kann.", 64, "Bedienung"
  Exit Sub
End If

If tSachverhalt.EOF Then
  GoTo dahin
End If

tSachverhalt.MoveFirst
While Not tSachverhalt!Sachverhalt = Trim$(c1Eingabe)
  tSachverhalt.MoveNext
  If tSachverhalt.EOF Then
    GoTo dahin
  End If
Wend

dahin:

If tSachverhalt.EOF Then
  tSachverhalt.AddNew
  tSachverhalt!Sachverhalt = Trim$(c1Eingabe)
```

```
tSachverhalt.Update
  MsgBox "Der neue Sachverhalt wurde angelegt!", 64, "Vollzugsmeldung"
Else
  MsgBox "Dieser Sachverhalt existiert bereits!", 48, "Hinweis"
  Exit Sub
End If
Me.Sachverhalt.Requery

Function isValidString(ByVal txt As String, ByVal validChars As String) As
Boolean
Dim i As Integer
Dim testchar As String

For i = 1 To Len(validChars)
  testchar = Mid$(validChars, i, 1)
  If InStr(1, txt, testchar) Then
    isValidString = False
    Exit Function
  End If
Next
isValidString = True
End Function
```

Wir besprechen hier die beiden Behelfsfunktionen <Neu> für einen Sachverhalt und ein Thema. Unter 6.2 und 6.3 werden dann die Hauptfunktionen besprochen.

Zunächst legen wir ein Recordset Objekt tSachverhalt an. Dies wird mit der Methode db.OpenRecordset("SELECT * From Sachverhalt") durch eine SQL-Abfrage als Parameter gefüllt. Über tSachverhalt können wir nun auf alle Daten der Tabelle <Sachverhalt> zugreifen.

Mit der Funktion InputBox fragen wir welchen neuen Sachverhalt der Benutzer anlegen möchte. Der Sachverhalt darf keine Sonderzeichen enthalten. Ist die Eingabe leer brechen wir ab. Enthält die Eingabe den Text <Neuer Sachverhalt> wird ebenfalls abgebrochen – der Text <Neuer Sachverhalt> ist ein für die weitere Arbeit reservierter Text.

Ist tSachverhalt.EOF=True steht der Satzzeiger auf dem Ende der Tabelle. In diesem Fall brauchen wir nicht zu prüfen ob der Sachverhalt schon existiert und springen deshalb gleich zur Sprungmarke dahin.

Ansonsten prüfen wir in einer While-Schleife ob der Sachverhalt schon existiert. Wir bewegen uns dazu mit tSachverhalt.MoveNext Satz für Satz durch die Tabelle, entweder bis wir das Ende erreicht haben oder den Sachverhalt finden.

Für den Fall, das der neue Sachverhalt noch nicht vorhanden ist, also tSachverhalt.EOF=True ist, fügen wir diesen an das Ende der Tabelle an:

```
tSachverhalt.AddNew
tSachverhalt!Sachverhalt = Trim$(c1Eingabe)
tSachverhalt.Update
```

Ist der Sachverhalt dagegen schon vorhanden geben wir eine entsprechende Meldung aus.

Zum Schluss werden die Daten mit Me.Sachverhalt.Requery aktualisiert.

[Neu - Thema]

```
Dim db As Database
Dim tThema As DAO.Recordset
Set db = CurrentDb
Set tThema = db.OpenRecordset("SELECT * From Thema")
Dim c1Eingabe As String

c1Eingabe = InputBox("Geben Sie einn neues Thema ein!", _
"Thema anlegen", "Thema")
```

41

```vba
If Not isValidString(c1Eingabe, ",.:;?=)(/&%$§![]{}\@+*-_#'~<>°") Then
  MsgBox "Das Thema darf keine Satz- und Sonderzeichen _
  enthalten!", 16, "Fehler"
  Exit Sub
End If

If c1Eingabe = "" Then
  MsgBox "Fehlende Eingabe! Die Funktion wird abgebrochen.", 16, "Fehler"
  Exit Sub
End If

If c1Eingabe = "Neues Thema" Then
  MsgBox "Dies ist ein Dummy Thema das nicht benutzt werden kann.", _
  64, "Bedienung"
  Exit Sub
End If

If tThema.EOF Then
  GoTo dahin
End If
tThema.MoveFirst
While Not tThema!Thema = Trim$(c1Eingabe)
  tThema.MoveNext
  If tThema.EOF Then
    GoTo dahin
  End If
Wend
dahin:
If tThema.EOF Then
  tThema.AddNew
  tThema!Thema = Trim$(c1Eingabe)
  tThema.Update
  MsgBox "Das neue Thema wurde angelegt!", 64, "Vollzugsmeldung"
Else
  MsgBox "Dieses Thema existiert bereits!", 48, "Hinweis"
  Exit Sub
End If
Me.Thema.Requery
```

Diese Funktion ist äquivalent der <Neu Sachverhalt> Funktion.

[Listenfeld Sachverhalte]

Für die Listenfelder Sachverhalt und Thema müssen mehrere Ereignisse mit Code hinterlegt werden. Ich gebe diesen hier noch vor der Besprechung des eigentlichen Anlegens eines neuen Wissensartikels an (s. a. Kapitel 6.2, 6.3 und 6.4).

[Beim Hingehen]
```
SA = Sachverhalt.Value
```

[Beim Klicken]
```
istUndoMoeglich = True
```

[Bei Taste Ab]
```
Sachverhalt.Enabled = True
Sachverhalt.Locked = True
```

[Bei Änderung]
```
If Not neuersatz2 And Not dublette Then
 If MsgBox("Soll der Datensatz wirklich geändert werden?", 32 + 4, _
 "Frage") = vbNo Then
  If Me.Sachverhalt = "Neuer Sachverhalt" Then
   MsgBox "Diese Eingabe ist nicht möglich", 16, "Fehler"
  End If
  Sachverhalt.Value = SA
 Else
  If Sachverhalt.Value = "Neuer Sachverhalt" And Not neuersatz Then
   MsgBox "Diese Eingabe ist nicht möglich", 16, "Bedienung"
   Sachverhalt.Value = SA
  End If
 End If
End If
Me.Thema.Visible = True
```

[Bei Taste Auf]
```
Sachverhalt.Locked = False
```

[Nach Aktualiseriung]
```
Dim lesezeichen
lesezeichen = Me.Bookmark
```

```
If DCount("*", "KnowlegeBase", _
    "[Sachverhalt]='" & Me!Sachverhalt & "' And " & _
    "[Thema]='" & Me!Thema & "'") > 0 Then
    MsgBox "Doppelter Datensatz - bitte eine andere Eingabe wählen!", _
    16, "Fehler"
    ende = True
    Sachverhalt.Value = "Neuer Sachverhalt"
    Thema.Value = "Neues Thema"
    neuersatz = True
    dublette = True
    verschlagwortung = False
Else
    dublette = False
End If

If Not verschlagwortung Then
    If Not Me.Sachverhalt = "Neuer Sachverhalt" And Not Me.Thema = _
    "Neues Thema" Then
        verschlagwortung = True
    End If
End If
```

Beim Hingehen zur Liste Sachverhalt merken wir uns den gerade angezeigten Sachverhalt. Klicken wir in die Liste wird die Undo-Funktion eingeschaltet. Versucht der Benutzer Text einzugeben wird die Liste deaktiviert und vor Änderungen geschützt. Wird die Taste wieder losgelassen, wird die Sperre sogleich wieder aufgehoben. Wird der Listeneintrag geändert prüfen wir ob es sich um keinen neuen Wissensartikel und keine Dublette handelt. In diesem Fall fragen wir ob der Listeneintrag tatsächlich geändert werden soll. Ist dem so, wird für den Fall das die Liste nicht schon den Eintrag <Neuer Sachverhalt> enthalten hatte und es sich um keinen neuen Datensatz handelt die Funktion mit einem Fehlerhinweis beendet. Außerdem prüfen wir ob es sich um einen doppelten Datensatz handelt. Ist auch dies nicht der Fall wird der neue Eintrag angelegt und verschlagwortung = True gestellt. Hat sich der Benutzer gegen eine Änderung entschieden wird der alte Eintrag wiederhergestellt.

[Listenfeld Themen]

[Beim Hingehen]
```
ta = Thema.Value
```

[Beim Klicken]
```
istUndoMoeglich = True
```

[Bei Taste Ab]
```
Thema.Enabled = True
Thema.Locked = True
```

[Bei Änderung]
```
If Not neuersatz2 And Not dublette Then
  If MsgBox("Soll der Datensatz wirklich geändert werden?", 32 + 4, _
  "Frage") = vbNo Then
  If Me.Thema = "Neues Thema" Then
    MsgBox "Diese Eingabe ist nicht möglich", 16, "Fehler"
    Thema.Value = ta
    Exit Sub
  End If
  If DCount("*", "KnowlegeBase", "[Sachverhalt]='" & Me!Sachverhalt _
  & "' And " & "[Thema]='" & Me!Thema & "'") > 0 Then
    MsgBox "Diese Verschlagwortung existiert bereits!"
    ende = True
    Sachverhalt.Value = "Neuer Sachverhalt"
    Thema.Value = "Neues Thema"
    dublette = True
    Exit Sub
  End If
  If Not dublette Then
    Me.Thema = ta
  End If
Else
  If Thema.Value = "Neues Thema" And  Not neuersatz Then
    MsgBox "Diese Eingabe ist nicht möglich", 16, "Fehler"
    Thema.Value = ta
  End If
End If
```

```
   Call Aktualisieren
   End If
   Call Aktualisieren
```

[Bei Taste Auf]

```
Thema.Locked = False
```

[Vor Aktualisierung]

```
sxalt = Me.Sachverhalt
txalt = Me.Thema
```

[Nach Aktualiseriung]

```
Dim lesezeichen
lesezeichen = Me.Bookmark

If DCount("*", "KnowlegeBase", _
    "[Sachverhalt]='" & Me!Sachverhalt & "' And " & _
    "[Thema]='" & Me!Thema & "'") > 0 Then
  MsgBox "Doppelter Datensatz - bitte eine andere Eingabe wählen!", _
  16, "Fehler"
  ende = True
  Sachverhalt.Value = "Neuer Sachverhalt"
  Thema.Value = "Neues Thema"
  neuersatz = True
  dublette = True
  verschlagwortung = False
Else
  dublette = False
End If
If Not verschlagwortung Then
  If Not Me.Sachverhalt = "Neuer Sachverhalt" And Not Me.Thema = _
  "Neues Thema" Then
    verschlagwortung = True
  End If
End If
```

Die Ereignisse werden äquivalent der [Liste Sachverhalt] belegt und abgearbeitet.

[Neuer Eintrag]

```
If Me.FilterOn Then
   MsgBox "Bitte zuerst den Filter entfernen!", 48, "Bedienung"
   Exit Sub
End If

If Clipboard.GetText = "STExodus" Then
   Exit Sub
End If

verschlagwortung = False

neuersatz2 = neuer_satz()

merken = False
mHierher = ""
Me.NWA = True
Me.Thema.Visible = False
xWievielS = xWievielS + 1

If xWievielS = aakt + 1 Then
   xWievielS = 0
End If
```

Die Funktion wird als erstes bei einem aktiven Filter mit einer Fehlermeldung abgebrochen. Dann wird verschlagwortung = False gesetzt. Schließlich wird die eigentliche Funktion zum anlegen eines neuen Datensatzes aufgerufen. Abschließend werden noch einige Variablen belegt. Sie werden in anderen Programmteilen gebraucht.

[Funktion neuer_satz()]
```
Dim prws As Workspace
Dim prDB As Database
Dim prsatz As DAO.Recordset
Dim prpfad As String
Dim prdooble As DAO.Recordset
prpfad = CurrentProject.path + "\KnowledgeUser.mdb"
```

47

```
Set prws = Workspaces(0)
Set prDB = OpenDatabase(prpfad)
Set prsatz = prDB.OpenRecordset("KnowlegeBase", dbOpenDynaset)
Set prdooble = Screen.ActiveForm.RecordsetClone

Call ordnen
```

Wir legen für die Tabelle KnowledgeBase das Recordset Objekt prsatz und ein Clone prdooble dessen an. Dann rufen wir die Funktion ordnen auf:

```
Sleep 300

If Screen.ActiveForm.Sachverhalt.Value = "Neuer Sachverhalt" _
Or Screen.ActiveForm.Thema.Value = "Neues Thema" Then
    MsgBox "Bitte Datensatz erst Verschlagworten!", 48, "Bedienung"
    neuer_satz = False
    Exit Function
End If

prsatz.FindFirst "Sachverhalt = 'Neuer Sachverhalt'"

Sleep 300

If Not prsatz.NoMatch Then
  prdooble.FindFirst "Sachverhalt = 'Neuer Sachverhalt'"
  Sleep 300
  Screen.ActiveForm.Bookmark = prdooble.Bookmark
  MsgBox "Neuer Eintrag nicht möglich! Bitte erst diesen Eintrag _
  verschlagworten oder löschen!", 48, "Bedienung"
  neuer_satz = True
  Exit Function
End If

If ende Then
    Screen.ActiveForm.Bookmark = prdooble.Bookmark
    neuer_satz = False
    Exit Function
End If
```

```
prsatz.AddNew
prsatz!Sachverhalt = "Neuer Sachverhalt"
prsatz!Thema = "Neues Thema"
prsatz!Erstellt = Date
prsatz.Update

Sleep 300

Call ordnen

Sleep 300

prsatz.FindFirst "Sachverhalt = 'Neuer Sachverhalt'"

Sleep 300

If Not prsatz.NoMatch Then
   prdooble.FindFirst "Sachverhalt = 'Neuer Sachverhalt'"
   Sleep 300
   Screen.ActiveForm.Bookmark = prdooble.Bookmark
End If
```

In der Funktion neuer_satz() geht es dann weiter. Mit einem
Sleep Befehl bremsen wir die Abarbeitung etwas ab. Dazu warten wir 300 Millisekunden also 0,3 Sekunden.

Wir prüfen ob dies schon ein neuer Satz im Formular ist. Wenn
ja, beenden wir die Funktion. Nun prüfen wir noch ob auch in der
Datenbank ein Sachverhalt mit der Bezeichnung „Neuer Sachverhalt" existiert. Ist dem so wird die Funktion ebenfalls abgebrochen und neuer_satz auf <True> gesetzt. Hat die Variable Ende
den Wert <True>, dies ist der Fall wenn der Satz eine Dublette
ist, wird die Funktion ebenfalls abgebrochen.

Jetzt legen wir den neuen Datensatz an, warten wieder 0,3 Sekunden, ordnen das Formular neu und warten nochmals 0,3 Sekunden.

Abschließend suchen wir den neuen Satz in der Datenbank und setzen das Formular für den Fall das er gefunden wurde auf den neuen Satz. Die Variablen werden neuersatz = True und neuer_satz = True gesetzt.

[Funktion ordnen()]

```
Dim lesezeichen
lesezeichen = Screen.ActiveForm.Bookmark

DoCmd.Requery
DoCmd.DoMenuItem acFormBar, acRecordsMenu, 5, , acMenuVer70

Screen.ActiveForm.Bookmark = lesezeichen

If neuersatz Then
   neuersatz = False
   DoCmd.GoToRecord , , acFirst
End If
```

Diese Funktion setzt ein Lesezeichen auf den aktuellen Satz, reorganisiert die Anzeige und kehrt wieder zum aktuellen Satz zurück.

1.5 Aktualisieren der KnowledgeBase

Um einen neuen Wissensartikel in die KnowledgeBase einzuordnen müssen Sie den Button [Aktualisieren] anklicken. Nach einer Aktualisierung (es wird der zuletzt neu angelegte Wissensartikel angezeigt) ist der neue Inhalt dann auch physisch gespeichert und somit auch nach einem Abbruch der KnowledgeBase noch vorhanden. Das Feld <NWA> oben links enthält ein Häckchen, solange noch Wissensartikel vorhanden sind, die noch nicht Aktualisiert wurden.

Die KnowledgeBase wird in der Regel nach jedem zweiten direkt aufeinanderfolgenden neu eingegebenen Wissensartikel automatisch aktualisiert. Alle anderen Datensatzoperationen werden keinesfalls automatisch aktualisiert und müssen in jedem Fall mit dem [Aktualisieren] Button abgeschlossen werden. Im <NWA> Feld wird auch nur ein Häkchen für neu angelegte Wissensartikel gesetzt. Andere Datensatzoperationen wie das Ändern oder Löschen eines Wissensartikels werden nicht mit einem Häkchen dokumentiert. Im Zweifelsfall den [Aktualisieren] Button öfters verwenden. Ist der aktuelle Datensatz nicht definiert, z.B. ein gelöschter Datensatz, springt die Anzeige nach dem Aktualisieren zum ersten Datensatz in der KnowledgeBase.

Quelltext

```
If Not Me.ID Then
   merken = False
End If

Dim lesezeichen

If Not verschlagwortung Then
   MsgBox "Bitte erst diesen Wissensartikel verschlagworten bzw. warten Sie
   bis der aktuelle Prozess beendet ist.", 48, "Bedienung"
   clipboard.SetText ("SpecialExitForSQL")
   Exit Sub
End If

Dim dassuchen1 As String
dassuchen1 = Str(Me.ID)

DoCmd.Requery
lesezeichen = Me.Bookmark
DoCmd.DoMenuItem acFormBar, acRecordsMenu, 5, , acMenuVer70
Me.NWA = False
If Not aktionloeschen Then
   Me.Bookmark = lesezeichen

   Dim z1 As Long
```

```vba
    z1 = 1
    Dim dbA As Database
    Dim dyA As DAO.Recordset

    Set dbA = OpenDatabase(CurrentProject.path + "\KnowledgeUser.mdb")
    Set dyA = dbA.OpenRecordset("SELECT * FROM KnowlegeBase ORDER _
    BY ID ASC")

    dyA.Close

    Set dyA = dbA.OpenRecordset("SELECT * FROM KnowlegeBase ORDER _
    BY Sachverhalt, Thema ASC")
    dyA.MoveFirst
    While Not dyA.EOF And Not Str([dyA]![ID]) = dassuchen1
        z1 = z1 + 1
        dyA.MoveNext
    Wend

    DoCmd.GoToRecord , , acFirst
    If z1 = 1 Then
        Exit Sub
    End If
    Dim i1 As Long

    DoCmd.GoToRecord , , acNext, z1 - 1
Else
    aktionloeschen = False
End If

If neuersatz2 Then
    neuersatz2 = False
    DoCmd.GoToRecord , , acFirst
    Dim z As Long

    z = 1
    Dim db As Database
    Dim dy As DAO.Recordset

    Set db = OpenDatabase(CurrentProject.path + "\KnowledgeUser.mdb")
    Set dy = db.OpenRecordset("SELECT * FROM KnowlegeBase ORDER BY _
```

```
    ID ASC")

    dy.MoveLast

    Dim dassuchen As String
    dassuchen = Str(dy!ID)

    dy.Close

    Set dy = db.OpenRecordset("SELECT * FROM KnowlegeBase ORDER _
    BY Sachverhalt, Thema ASC")
    dy.MoveFirst
    While Not dy.EOF And Not Str([dy]![ID]) = dassuchen
        z = z + 1
        dy.MoveNext
    Wend

    DoCmd.GoToRecord , , acFirst
    If z = 1 Then
        Exit Sub
    End If
    Dim i As Long

    DoCmd.GoToRecord , , acNext, z - 1
  End If

Weiter_machen:
  Exit Sub
aufhoeren:
  Exit Sub
```

Es wird wieder abgefragt ob verschlagwortung=True ist und wenn
nicht die Funktion abgebrochen. Danach wird das Formular reorganisiert.
Im Wesentlichen wird in dieser Funktion sowohl im Formular als
auch in der Datenbank auf den ersten und den aktuellen Datensatz platziert. Dadurch werden die Daten automatisch aktualisiert.

1.6 KnowledgeBase beenden

Klicken Sie auf den Button [x] links unten. Dadurch wird die KnowledgeBase geschlossen.

Sie finden daneben auch einen [Abbruch] Button (Bild: Ausgangstür). Durch betätigen des [Abbruch] Button wird die KnowledgeBase ebenfalls beendet, wobei aber die zuletzt angelegten oder geänderten Daten, für die noch keine Aktualisierung erfolgt ist, nicht gespeichert werden. Der [Abbruch] Button sollte nur benutzt werden, wenn es erwünscht ist die letzten Eingaben zu verwerfen (s.a. 13.3).

Quelltext
[Abbruch]

```
If Not verschlagwortung Then
    If MsgBox("Dieser Wissensartikel ist noch nicht verschlagwortet bzw. _
    es ist der aktuelle Prozess noch nicht beendet. Wenn sie jetzt _
    beenden kann dies beim nächsten Start der KnowledgeBase zu _
    unerwünschtem verhalten führen! Wollen sie trotzdem fortfahren?", _
    48 + 4, "Bedienung") = vbNo Then
        Exit Sub
    End If
End If

If MsgBox("Sind Sie sicher, das die Arbeit mit der Knowledge-Base _
abgebrochen werden soll? Ihre letzten Eingaben werden dabei _
nicht gespeichert.", 32 + 4, "KnowledgeBase beenden") = vbNo Then
    Exit Sub
End If

If Me.Dirty then
    DoCmd.SetWarnings False
    DoCmd.RunCommand acCmdUndo
    DoCmd.SetWarnings True
End If
```

```
DoCmd.Close acForm, Me.Name, acSaveNo
```

Nach der Abfrage von verschlagwortung erfolgt eine Sicherheitsabfrage für das Beenden. Wurde diese quittiert wird ein Undo für
die letzte Änderung durchgeführt und das Formular ohne etwas
zu speichern beendet.

[Beenden]

```
If Me.FilterOn Then
   MsgBox "Bitte erst den Filter entfernen!", 48, "Hinweis"
   Exit Sub
End If

If Not verschlagwortung Then
   MsgBox "Bitte erst diesen Wissensartikel verschlagworten bzw. warten _
   Sie bis der aktuelle Prozess beendet ist.", 48, "Bedienung"
   Exit Sub
End If

If Not beendenerlauben Then
   If Not DCount("*", "KnowlegeBase") > masterzahl Then
      MsgBox "Beenden nicht möglich! Bitte geben sie dazu mindestens _
      einen (weiteren) neuen Wissensartikel in die KnowledgeBase ein!", _
      16, "Fehler"
      Exit Sub
   End If
End If
DoCmd.Requery
Call Aktualisieren
DoCmd.Close
'Application.Quit acQuitPrompt
Weiter_machen:
   Exit Sub
```

Wir fragen ab ob ein Filter aktiv oder nicht und verschlagwor-
tung=True sind und brechen in diesen Fällen die Funktion ab.

55

Auch wenn das beendenerlauben nicht erlaubt ist und kein neuer Datensatz erstellt wurde wird die Funktion abgebrochen.

Nun reorganisieren wir noch das Formular und aktualisieren die Datenbank. Zum Schluss schließen wir die Benutzeroberfläche.

1.7 PDFCreator installieren

Mit dem PDFCreator können Dokumente und Akten in PDF-Dateien gedruckt werden (s.a. 8.3). Mit [Ctrl+I] wird der PDFCreator installiert (s.a. 5.4). Während der Installation wird eine Fehlermeldung angezeigt. Quittieren Sie diese mit [Abbrechen]. Danach wird die Installation fortgesetzt. Bitte den PDFCreator niemals updaten!

[Funktion ohne Quelltext]

1.8 Externes OCR-Programm installieren

HINWEIS: Als geeignetes OCR-Programm wird das Programm <Textbridge Pro 11> oder <OmniPage16> empfohlen!

Verwenden sie in jedem Fall ein OCR-Programm dem eine Datei als Parameter im Aufruf mitgegeben werden kann, so wie das bei den empfohlenen Programmen der Fall ist. Dadurch brauchen sie bei der Benutzung der Texterkennung (s. 7.8) das interessierende Dokument nicht über <Datei öffnen> zu laden, sondern es wird direkt durch die KnowledgeBase an das OCR-Programm übergeben und von diesem automatisch geöffnet.

Zum Installieren eines OCR-Programms schließen sie die KnowledgeBase. Installieren sie dann das OCR-Programm, in den Ordner <OCR-Programm> im KnowledgeBase Ordner. Nach erfolgter Installation machen sie das OCR-Programm in der KnowledgeBase bekannt indem sie dort die Tastenkombination

[Ctrl+O] betätigen. Geben sie nun in der sich öffnenden Eingabebox den Namen des Ordners, also <OCR-Programm>, plus Backslash davor und danach und inklusive des Programnamens selbst ein. Wie im Falle von Textbridge also:

<\OCR-Programm\TextBridge.exe>

HINWEIS: Sollte das OCR-Programm <TextBridge> schon installiert sein, teilt ihnen die KnowledgeBase dies beim Betätigen der [Ctrl+O] Tastenkombination mit!

Stellen Sie, wenn dies möglich ist, das OCR-Programm so ein, das es den erkannten Text nach dem Beenden der Texterkennung automatisch in die Zwischenablage schreibt (für TextBridge s. 7.8). Sie können den Text dann mit dem [Einfügen] Button unkompliziert in ein selektiertes Feld der KnowledgeBase übernehmen.

HINWEIS: Das OCR-Programm <Textbridge> braucht in einem Backup der KnowledgeBase (s. 13.1) nicht erneut installiert zu werden, sondern funktioniert dort weiter.

Statt ein externes OCR-Programm zu nutzen, können Sie nach betätigen von [Ctrl+O] auch einfach den Text <automatisch> in die Eingabebox schreiben. Die KnowledgeBase nutzt dann ein internes OCR-Programm. Das Ergebnis der Texterkennung wird in diesem Fall in der Textverarbeitung der KnowledgeBase angezeigt, kann dort sofort verbessert und dann über die Zwischenablage (s. 2.1 u. 2.2) in das Quelltextfeld (hier sollen üblicherweise die erkannten Texte abgelegt werden) oder andere Felder der KnowledgeBase übernommen werden.

HINWEIS: Dieses interne Programm reicht qualitativ durchaus an kommerzielle Programme wie Textbridge heran.

VORSCHAU: Das in maschinenlesbaren Text umgewandelte Dokument wird ohne Formatierung – also ziemlich unleserlich bzw. durcheinander – zum Einfügen in die KnowledgeBase bereitgestellt. Das soll allerdings kein Problem darstellen. Der maschinenlesbare Text soll nämlich hauptsächlich für die Suche oder die Zusammenstellung von Informationen bzw. zum Weiterverarbeiten wie dem Exportieren oder Einfügen in andere Informationen dienen und weniger zum durchlesen – dafür steht ja das original Dokument zur Verfügung.

Quelltext

Hierfür gebe ich keinen Quelltext an. Ich gehe davon aus, dass sie das interne OCR-Programm nutzen möchten (eine Installation über Programmcode oder eine Auswahl über Programmcode wird deshalb überflüssig).

Exkurs: Windows Tastenkombinationen

Sie können auch [Ctrl+A], [Ctrl+X], [Ctrl+C] und [Ctrl+V] verwenden. Bei der Benutzung von [Ctrl+A] und [Entf] in einem Feld bitte anschließend [Aktualisieren] drücken um den Text so endgültig zu entfernen.

2. Einfacher Import von Daten

2.1 Textverarbeitung aufrufen

Erstellen Sie einen neuen Datensatz. Klicken Sie dann auf den Button mit dem Notizblock am linken Rand. Die Textverarbeitung wird geöffnet. Schreiben Sie nun wie gewohnt in die Textverarbeitung oder laden Sie einen Text. Markieren Sie nun den Text und drücken Sie dann die Tastenkombination [Ctrl+C]. Minimieren Sie nun die Textverarbeitung. Klicken Sie in der KnowledgeBase auf eine Stelle im <Quelltext> Feld und betätigen dann den [Einfügen] Button. Der markierte Text aus der Textverarbeitung wird nun in das Feld <Quelltext> der KnowledgeBase übernommen. Auf die gleiche Weise können Sie Text in die Felder <Titel> und <Beschreibung> übernehmen.

Quelltext

```
Dim sho
Set sho = CreateObject("wscript.shell")
sho.exec ("%SystemRoot%\system32\notepad.exe " + CurrentProject.path _
+ "\Neu.txt")
```

Der Windows Editor wird aufgerufen.

2.2 Zwischenablage verwenden

Blättern sie zu einem Datensatz, der eine Beschreibung enthält. Klicken Sie dann in das Feld <Beschreibung> und danach auf den Button [Kopieren]. Der Feldinhalt wurde nun in die Zwischenablage übernommen. Drücken Sie zur Kontrolle den [AI] Button. Es öffnet sich ein Fenster, das den Anfang des kopierten Textes enthält (der [AI] Button kann also jederzeit verwendet werden um den Inhalt der Zwischenablage zu überprüfen). Zum Einfügen des Inhalts müssen sie in ein Feld klicken und dann den

[Einfügen] Button betätigen. Der Inhalt der Zwischenablage kann wahlweise in eines der Felder <Titel>, <Beschreibung> und <Quelltext> eines beliebigen Wissensartikels eingefügt werden. Alle Felder <Titel>, <Beschreibung> und <Quelltext> werden auf die gleiche Weise in die Zwischenablage kopiert und/oder durch diese mit Informationen versorgt. Überzeugen Sie sich mit Hilfe des [AI] Buttons. Außerdem kann die Zwischenablage durch klick auf den Button [Ablage löschen] geleert werden.

HINWEIS: Die Zwischenablage wurde dazu konzipiert Informationen zwischen Wissensartikeln, der Textverarbeitung oder aus E-Mailprogrammen zu kopieren und einzufügen. Darüber hinaus wird die Zwischenablage aber auch von der KnowledgeBase selbst zum Austauschen von Informationen zwischen den einzelnen Programmteilen genutzt. Aus diesem Grund sollte nach dem Kopieren von Informationen in die Zwischenablage unmittelbar das Einfügen der Informationen erfolgen. Wurden nämlich zwischen dem Kopieren und dem Einfügen andere Programmfunktionen aufgerufen kann es sein, dass die Zwischenablage ungewollt leer ist oder unverständlichen Text enthält.

Quelltext

Wir definieren ein globales Objekt Dim clipboard As New clipboard. Dieses Objekt regelt den Im- und Export der Zwischenablage. Das Objekt ist programmiert in dem gleichnamigen Modul.

[Bei Fokuserhalt]

```
Call ptit
Call pbes
Call pque
```

[Bei Fokuserhalt]
```
marktext = Me.Titel.SelText
```

60

```
marktext = Me.Beschreibung.SelText
marktext = Me.Quelltext.SelText
```

Für die Textfelder Titel, Beschreibung und Quelltext müssen zunächst die folgenden Ereignisse hinterlegt werden (es wurde für alle Felder alles zusammen in einem Ereignis angegeben).

[Inhalt der Zwischenablage]

```
If clipboard.GetText = "" Then
   MsgBox "Zwischenablage ist leer", 64, "Inhalt der _
   Zwischenablage"
Else
   MsgBox clipboard.GetText
End If
```

Es dürfte klar sein was hier gemeint ist.

[Kopieren]

```
Public Sub init()
   tit = 0
   bes = 0
   que = 0
End Sub
Public Sub ptit()
   tit = 1
   bes = 0
   que = 0
End Sub
Public Sub pbes()
   tit = 0
   bes = 1
   que = 0
End Sub
Public Sub pque()
   tit = 0
   bes = 0
```

```
   que = 1
End Sub
```

Erhält eines der Felder [Titel], [Beschreibung] oder [Quelltext] den Fokus wird jeweils die entsprechende Funktion aufgerufen. Diese setzt die globalen Variablen tit, bes und que. Initialisiert werden die Variablen beim [Öffnen] der Benutzeroberfläche durch Aufruf der Init Funktion

```
If ftit() = 1 Then
   If IsNull(Recordset("Titel").Value) Then
      MsgBox "Das Feld hat keinen Inhalt", 16, "Fehler"
      Exit Sub
   End If
   clipboard.SetText (Recordset("Titel").Value)
End If
If fbes() = 1 Then
   If IsNull(Recordset("Beschreibung").Value) Then
      MsgBox "Das Feld hat keinen Inhalt", 16, "Fehler"
      Exit Sub
   End If
   clipboard.SetText (Recordset("Beschreibung").Value)
End If
If fque() = 1 Then
   If IsNull(Recordset("Quelltext").Value) Then
      MsgBox "Das Feld hat keinen Inhalt", 16, "Fehler"
      Exit Sub
   End If
   clipboard.SetText (Recordset("Quelltext").Value)
End If.
```

Das Laden der Zwischenablage erfolgt über die Auswertung der drei entsprechenden Funktionen zur Feststellung dafür welches Feld aktiv ist:

```
Public Function ftit()
   ftit = tit
End Function
Public Function fbes()
```

```
    fbes = bes
End Function
Public Function fque()
    fque = que
End Function
```

Für ein leeres Feld wird eine Fehlermeldung ausgegeben und die Funktion abgebrochen.

[Einfügen]

```
If clipboard.GetText = "" Then
    MsgBox "Die Zwischenablage enthält keinen Text der in das Feld _
    eingefügt werden könnte!", 16, "Fehler"
    Exit Sub
End If

If ftit() = 1 Then
    Titel.Value = clipboard.GetText
End If
If fbes() = 1 Then
    Beschreibung.Value = clipboard.GetText
End If
If fque() = 1 Then
    Quelltext.Value = clipboard.GetText
End If
```

Auch hier fragen wir zunächst ab, ob die Zwischenablage leer ist. Wenn nicht ermitteln wir das aktive Feld und schreiben den Inhalt der Zwischenablage dort hinein.

[Löschen]

```
clipboard.Clear
```

2.3 Quelltext aus Datei laden

Statt über die Textverarbeitung einen Text zu laden und dann über die Zwischenablage in die KnowledgeBase einzufügen, kann man einen Text (Dateien mit der Extension .txt) auch direkt in das Feld <Quelltext> laden. Klicken Sie dazu auf den Button [Quelltext laden] und wählen im folgenden Dateidialog die gewünschte Datei. Sie wird dann in das <Quelltext> Feld eingefügt.

Quelltext

```
Dim fd As New FileDialog
Dim dateiname As String
Dim pos As Long
Dim endung As String
Dim Datei$
Dim s As String
Do
    dateiname = fd.ShowOpen
    If dateiname = "" Then Exit Sub
    pos = InStr(1, dateiname, ".")
    endung = Mid$(dateiname, pos + 1, 3)
    If Not (endung = "txt" Or endung = "TXT" Or endung = "htm" Or _
    endung = "HTM" Or endung = "php" Or endung = "PHP" Or _
    endung = "pl" Or endung = "PL" Or endung = "jav") Then
        MsgBox "Es können nur Textdateien (txt) geladen werden", 16, "Fehler"
    End If
Loop While Not (endung = "txt" Or endung = "TXT" Or endung = "htm" _
Or endung = "HTM" Or endung = "php" Or endung = "PHP" Or _
endung = "pl" Or endung = "PL" Or endung = "jav")

Datei = dateiname

If FileSize(Datei) = 0 Then
    Call WarnungSprechen("Die Datei ist leer!")
    MsgBox "Die Datei hat keinen Inhalt!", 16, "Fehler"
    Exit Sub
End If
```

```
Open Datei For Input As #1
s = Input(LOF(1), 1)
Quelltext.SetFocus
Quelltext.Value = s
Close #1

Public Function FileSize(ByVal sFile As String) As Long
   Dim Size As Long
   On Local Error Resume Next
   Size = FileLen(sFile)
   FileSize = IIf(Err = 0, Size, -1)
   On Local Error GoTo 0
End Function
```

Hinweis: Das Objekt FileDialog ist in dem gleichnamigen Modul programmiert.

Es wird solange zum Aufrufen einer Datei aufgefordert bis diese im richtigen Format vorliegt. Für die Datei wird dann geprüft ob sie nicht leer ist. Wen sie nicht leer ist wird der Inhalt eingelesen und dem Quelltextfeld zugewiesen.

3. Einfacher Export von Daten

3.1 Wissensartikel anzeigen u. drucken

Mit dem [WA] Button links zeigen sie den aktuellen Wissensartikel vollständig an oder können ihn ausdrucken lassen.

Quelltext

```
Dim stLinkCriteria As String
Dim stDocName As String

stLinkCriteria = "[ID]=" & Me![ID]
stDocName = "Wissensartikel"

If MsgBox("Soll der Wissensartikel ausgedruckt werden?", 32 + 4, "Frage") _
= vbYes Then
    DoCmd.OpenReport stDocName, acViewNormal, , stLinkCriteria
Else
    DoCmd.OpenReport stDocName, acPreview, , stLinkCriteria
End If.
```

Die Auswahl erfolgt wie immer über eine MsgBox. Das Drucken über die DoCmd.OpenReport Methode.

3.2 Quelltext in Datei schreiben

Navigieren sie zu einem Wissensartikel, der einen Quelltext hat. Klicken Sie nun auf den Button [Quelltext schreiben]. In dem sich öffnenden Dialog wählen sie das Verzeichnis in das der Quelltext gespeichert werden soll und geben dessen Dateinamen an (oder lassen den vorgegebenen Namen stehen). Der Quelltext wird dann in diese Datei geschrieben. Minimieren Sie nun die KnowledgeBase und öffnen die soeben erstellte Datei um sich vom Ergebnis zu überzeugen.

Quelltext

```
Dim stDocName As String
Dim wohin As String
Dim antwort As String
Dim a1 As Integer

If Not verschlagwortung Then
    MsgBox "Bitte erst diesen Wissensartikel verschlagworten bzw. warten Sie _
    bis der aktuelle Prozess beendet ist.", 48, "Bedienung"
    Exit Sub
End If

If Quelltext.Value = "" Then
    MsgBox "Kein Quelltext vorhanden - Bitte zuerst einen Quelltext _
    eingeben", 16, "Bedienung"
    Exit Sub
End If

wohin = BrowseForFolder("Wählen Sie ein Verzeichnis aus ...")

If wohin = "" Then
    Exit Sub
Else
    antwort = InputBox("Dateiname für den Quelltext", "Quelltext _
    speichern", "Quelltext" + Str$(Me.ID))
    If antwort = "" Then
        Exit Sub
    End If
End If

a1 = 0
a1 = InStr(antwort, ".")

If a1 >= 1 Then
    antwort = Left$(antwort, a1 - 1)
End If

If antwort = "" Then
    MsgBox "Kein Dateiname eingegeben!", 48, "Fehler"
    Exit Sub
```

```
End If

antwort = antwort + ".txt"

Open wohin + "\" + antwort For Output As #1
Print #1, "KnowledgeBase - Quelltext " + Str$(Date) + " " + Str$(Time())
Print #1, "Datensatz: " + Str$(Me.ID)
Print #1, " "
Print #1, "Quelltext"
Print #1, "************************"
Print #1, Me.Quelltext
Print #1, " "
Close #1

MsgBox "Datensatz wurde gespeichert", 64, "Hinweis"
```

Als erstes wird die verschlagwortung abgefragt und ob das <Quell-textfeld> leer ist, wenn ja wird abgebrochen. Danach wird der Verzeichnisauswahl Dialog aufgerufen. Wurde kein Verzeichnis ausgewählt wird die Funktion abgebrochen, andernfalls wird der Dateiname mit InputBox abgefragt. Ist die Antwort leer wird ebenfalls abgebrochen und ansonsten der Dateiname mit Präfix <.txt> generiert. Danach wird der Quelltext in die gewünschte Datei geschrieben und eine Vollzugsmeldung ausgegeben.

3.3 Wissensartikel in eine Datei schreiben

Statt nur eines Quelltextes speichern Sie auf die gleiche Weise einen kompletten Wissensartikel. Klicken sie dazu auf den Button mit der [Diskette] und führen Sie analog dazu die obigen Schritte durch. Überzeugen Sie sich anschließend vom Ergebnis.

Quelltext

```
Dim stDocName As String
Dim wohin As String
Dim antwort As String
```

```
Dim a1 As Integer

If Not verschlagwortung Then
  MsgBox "Bitte erst diesen Wissensartikel verschlagworten bzw. warten _
  Sie bis der aktuelle Prozess beendet ist.", 48, "Bedienung"
  Exit Sub
End If

If Titel.Value = "" And Beschreibung.Value = "" And Quelltext.Value = "" Then
  MsgBox "Der Datensatz hat keinen Inhalt - bitte erst einen Inhalt _
  eingeben", 16, "Bedienung"
  Exit Sub
End If

wohin = BrowseForFolder("Wählen Sie ein Verzeichnis aus ...")

If wohin = "" Then
  Exit Sub
Else
  antwort = InputBox("Dateiname des Wissensartikels", "Wissensartikel _
  speichern", "Wissensartikel" + Str$(Me.ID))
  If antwort = "" Then
    Exit Sub
  End If
End If

a1 = 0
a1 = InStr(antwort, ".")

If a1 >= 1 Then
  antwort = Left$(antwort, a1 - 1)
End If

If antwort = "" Then
  MsgBox "Kein Dateiname eingegeben", 48, "Fehler"
  Exit Sub
End If

antwort = antwort + ".txt"
Open wohin + "\" + antwort For Output As #1
```

```
Print #1, "KnowledgeBase - Wissensartikel " + Str$(Date) + " " + Str$(Time())
Print #1, "Datensatz: " + Str$(Me.ID)
Print #1, " "
Print #1, "Sachverhalt"
Print #1, "************************"
Print #1, Me.Sachverhalt
Print #1, " "
Print #1, "Thema"
Print #1, "************************"
Print #1, Me.Thema
Print #1, " "
Print #1, "Titel"
Print #1, "************************"
Print #1, Me.Titel
Print #1, " "
Print #1, "Beschreibung"
Print #1, "************************"
Print #1, Me.Beschreibung
Print #1, " "
Print #1, "Quelltext"
Print #1, "************************"
Print #1, Me.Quelltext
Print #1, " "
Close #1

MsgBox "Datensatz wurde gespeichert", 64, "Hinweis"
```

Diese Funktion ist äquivalent der vorherigen, nur dass statt des Quelltextes der gesamte Wissensartikel in die gewünschte Datei geschrieben wird.

3.4 Kurze E-Mails versenden

Mit dem Button [E-Mails] oder <Ctrl+E> können kurze E-Mails an beliebige Empfänger versendet werden. Es können auch Anhänge angefügt werden.

Die E-Mail Funktion kann auch direkt aus der Adressen-Verwaltung genutzt werden (s. 4.14)

Hinweis: Mit dem [S] Button richten Sie den E-Mail-Dienst ein (er wird gebraucht um E-Mails überhaupt aus der Knowledge-Base versenden zu können). Die notwendigen Daten hierzu erhalten sie von ihrem Provider.

Diese Funktion ist keine DMS typische Funktion weshalb deren Quelltext hier nicht besprochen wird. Im Folgenden werde ich solche Funktionen oder Funktionen die nicht veröffentlicht werden sollen mit [Funktion ohne Quelltext] bezeichnen.

E-Mail Dienst einrichten

Einen E-Mail Account können Sie beispielsweise bei Google, Yahoo, Web.de oder Freenet einrichten.

Server: Tragen Sie hier den SMTP Server ihres Providers ein. Der SMTP Server ist der Postausgangsserver. SMTP muss gegebenenfalls im Account aktiviert werden.

Benutzer: Geben Sie hier ihren Benutzernamen für den Account an.

Passwort: Geben sie hier ihr Passwort für den Account an.

Absender: Geben sie hier ihre E-Mail Adresse bei dem Account an.

Zwischenbilanz

Mit dem bisherigen Wissen können sie bereits ein erstes Mini-DMS programmieren.

Sie können Namen für Ordner und Namen für Seiten darin vergeben. Mit diesen Informationen können sie dann Wissensartikel anlegen. Sie können in einen Wissensartikel entweder Text hinein schreiben, aus einer Textdatei laden oder mit der Zwischenablage aus anderen Quellen importieren. Mit der Aktualisieren Funktion ordnen sie alles in die Datenbank ein. Mit der Übersichtsfunktion lassen sie sich die Struktur der angelegten Ordner (Sachverhalte) und Seiten (Themen) darin ausgeben. Wenn sie nach bestimmten Wissensartikeln suchen können sie entweder durch die Seiten blättern oder in einem konkreten Feld nach einer bestimmten Information suchen. Die gefundenen Informationen können sie in eine Textdatei exportieren.

Dieses Mini-DMS wäre tatsächlich schon geeignet für einen Anwender der einfach textliche Informationen sammeln und diese strukturiert ablegen möchte. Außerdem kann er dann später nach bestimmten Informationen suchen und diese für andere Anwendungen bereitstellen.

Das vollständige Mini-DMS finden sie unter den Beispieldatenbankanwendungen im Ordner <\UserBase1\> mit dem Namen **[KnowledgeUser]**.

Wenn sie dieses DMS selbst nutzen oder auf anderen Computern zur Verfügung stellen möchten kopieren Sie zunächst den kompletten Ordner <\UserBase1\> ins Wurzelverzeichnis C:\ auf dem Computer auf dem es sich aktuell befindet. Öffnen Sie dann das DMS in diesem Ordner in dem sie auf <**KnowledgeUser**> doppelklicken. Dann klciken sie im geöffneten DMS auf den [VB] Button (s.a. 13.1). Nun können sie das DMS verwenden.

73

Für die Nutzung auf einem anderen Computer kopieren sie den eben ins Wurzelverzeichnis C:\ kopierten Ordner <UserBase1> ins Wurzelverzeichnis C:\ auf dem anderen Computer. Dort sollte sich das DMS nun starten lassen (die **Access Runtime** muss ggf. auf dem anderen Computer installiert sein). Um das DMS einfacher starten zu können legen sie auf dem anderen Computer dann noch eine Verknüpfung zu **KnowledgeUser** (im Ordner UserBase1) auf den Desktop

Hinweis zur Verwendung von Unterformularen in den folgenden Kapiteln

Im Rest des Buches werden von der KnowledgeBase Benutzeroberfläche aus immer wieder Unterformulare aufgerufen. Den Code zum Aufrufen gebe ich dafür immer an und bespreche ihn auch, den Code der Unterformulare selbst bespreche ich allerdings nicht (Black-Box). Wenn sie solche Black-Boxes in einer anderen Anwendung, also nicht den vorgestellten Beispieldatenbankanwendungen benutzen möchten , wo ja schon alles richtig implementiert ist, dann exportieren sie das interessierende Formular in ihre Anwendung, schaffen dort dieselben Voraussetzungen wie sie in der KnowledgeBase bzw. den Beispieldatenbankanwendungen vorzufinden sind und rufen sie dann so wie besprochen auf. Noch einfacher: Nutzen sie die Beispieldatenbankanwendung. Deaktivieren oder löschen Sie darin alle Buttons auf der Benutzeroberfläche die sie nicht brauchen und arbeiten dann mit dieser angepassten Version einfach weiter. Selbstverständlich können sie sich aber auch den Code aus der Black-Box selbst genauer anschauen um so eventuell Unklarheiten zu beseitigen.

4. Zusätzliche Angaben und Hilfsmittel

4.1 KnowledgeBase Menü

Das Menü der KnowledgeBase öffnen Sie durch einen Klick mit der rechten Maustaste. Das Menü soll vor allem am Beginn der Arbeit mit der KnowledgBase dem Verständnis zusammengehöriger Programmteile nützen – es enthält nicht alle Funktionen. Im täglichen Gebrauch sollten sie sich angewöhnen statt des Menüs die Oberfläche der KnowledgeBase zu nutzen.

[Funktion ohne Quelltext]

4.2 Funktionstasten

Funktionstasten dienen zum schnellen Aufruf von Programmteilen. Die Funktion <Veröffentlichung eines Wissensartikels im Internet> ist nur über eine Funktionstaste (F12) aufrufbar.

F1 – KnowledgeBase-Hilfe
F2 – Neuen Wissensartikel erstellen
F3 – Dokument scannen
F4 – Dokument anzeigen
F5 – Sound aufnehmen
F6 – Sound abspielen
F7 – Webseitenverwaltung
F8 – Strukturübersicht
F9 – Wissensartikel als E-Mail versenden
F10 – Wissensartikel in eine Datei schreiben
F11 – Backup Dialog öffnen
F12 – Wissensartikel im Internet veröffentlichen

[Funktion ohne Quelltext]

4.3 Ergänzungen zu einem Datensatz

Neben den Inhalten <Titel>, <Beschreibung> und <Quelltext>, kann ein Wissensartikel noch um das Datum seiner Erstellung <V>, dem Namen einer Abteilung <A> ihres Unternehmens und dem Namen des Autors <N> des Wissensartikels ergänzt werden. Die entsprechenden Angaben machen Sie in den drei Feldern (V, A, N) links oben. Diese Angaben können vorteilhaft für das Workflow-Management und die Wiedervorlage (s. Kap. 14.2) genutzt werden. Sollten sie die Unterteilung in Abteilungen nicht benötigen, können Sie das <A> Feld auch ein wenig zweckentfremden, in dem sie es z.B. zur Eingabe eines Sachgebietes nutzen (s.a. 6.1)

Quelltext

[Namen]
```
Dim stDocName As String
Dim stLinkCriteria As String

stDocName = "ListeName"
DoCmd.OpenForm stDocName, , , stLinkCriteria
```

Oft ist es angenehm alle verwendeten Namen nachschlagen zu können. Dafür gibt es ein Formular ListeName durch das diese angezeigt werden. Ein weiteres Formular zeigt die Abteilungen an:

[Abteilungen]
```
Dim stDocName As String
Dim stLinkCriteria As String
stDocName = "ListeAbteilung"
DoCmd.OpenForm stDocName, , , stLinkCriteria
```

4.4 Notizzettel

Den Notizzettel - auf dem sie persönliche Bemerkungen für den aktiven Wissensartikel hinterlegen können - öffnen sie mit dem [N] Button

Quelltext

```
Open CurrentProject.path + "\Notizzettel.txt" For Output As #1
Print #1, Me.Notiz
Close #1

Dim stDocName As String
Dim stLinkCriteria As String

stDocName = "Notizzettel"

stLinkCriteria = "[ID]=" + str$(Me.ID)
DoCmd.OpenForm stDocName, , , , , acDialog

Dim mEingabe As String
Dim mText As String

Open CurrentProject.path + "\Notizzettel.txt" For Input As #1
While Not EOF(1)
   Input #1, mEingabe
   mText = mText + mEingabe & Chr(13) & Chr(10)
Wend
Close #1

Me.Notiz = mText

If Me.FilterOn Then
   Exit Sub
End If

Call Befehl29_Click
```

Die für den aktuellen Datensatz gespeicherte Notiz (oder leere Notiz) wird in die Datei [Notizzettel] geschrieben. Das Formular zum bearbeiten der Notiz wird aufgerufen und von dort die evtl. veränderte Notiz (oder gleichgebliebene Notiz) wieder in die Datei [Notizzettel] geschrieben. Anschließend wird für die Notiz aus dieser Datei für jede Zeile ein Zeilenumbruch zugefügt und die Notiz wieder im aktuellen Datensatz gespeichert. Zum Schluss wird die KnowledgeBase aktualisiert.

4.5 Light-GUI einschalten

Mit der Tastenkombination [Ctrl+2] können sie eine vereinfachte Benutzeroberfläche anzeigen lassen. Diese zeigt dann nur noch die wichtigsten Funktionen. Mit erneutem [Ctrl+2] schalten sie wieder die komplette Funktionalität ein.

[Funktion ohne Quelltext]

4.6 Highlighting-Editor

Die KnowledgeBase enthält als zusätzliche Hilfe für deren Einsatz zum Verwalten von Quellcode in der Softwareentwicklung einen Syntax Highlighting Editor. Der Editor wird mit dem [Hili] Button aufgerufen und zeigt dann automatisch den vorher angeklickten Text (Titel, Beschreibung oder Quelltext). Zum Highlighting wählen sie dann im Menü [Sprache] des Editors die entsprechende Programmiersprache aus.

[Funktion ohne Quelltext]

4.7 Lesezeichen

Müssen sie in einem anderen Wissensartikel etwas nachlesen, können sie sich den aktuellen Wissensartikel merken indem Sie den [L] Button betätigen. In der Gruppe links oben wird darauf hin die Nummer des gemerkten Wissensartikel eingeblendet. Besuchen Sie dann einen anderen Wissensartikel. Betätigen Sie bei Bedarf erneut den [L] Button, worauf die KnowledgeBase zum gemerkten Satz zurückspringt. HINWEIS: Ist ein Lesezeichen gesetzt und es wird ein neuer Wissensartikel erstellt, wird dieses automatisch gelöscht.

Quelltext

```
If Not verschlagwortung Then
    MsgBox "Bitte erst diesen Wissensartikel verschlagworten bzw. warten _
    Sie bis der aktuelle Prozess beendet ist.", 48, "Bedienung"
    Exit Sub
End If
If Me.NWA Then
    MsgBox "Bitte zuerst die KnowledgeBase aktualisieren!"
    Exit Sub
End If

Set dasmerken = Me.RecordsetClone
If merken Then
    Me.Bookmark = dasmerken.Bookmark
    merken = False
    mHierher = ""
Else
    dasmerken.Bookmark = Me.Bookmark
    merken = True
    mHierher = str$(Me.ID)
End If
```

Zunächst wird bei einer fehlenden verschlagwortung oder einer nicht aktualisierten KnowledgeBase die Funktion abgebrochen. Dann wird ein Global-Clone der KnowledgeBase-Datensätze angelegt. Ist die boolesche Variable merken False wird das aktuelle Lesezeichen für den Clone gesetzt, ist sie True wird das Lesezeichen des Clones auf das aktuelle Lesezeichne gesetzt.

4.8 Undo-Funktion

Textliche Eingaben oder Ergänzungen in den Feldern <Titel>, <Beschreibung> oder <Quelltext> können durch betätigen des [U] Buttons rückgängig gemacht werden. Das Undo erfolgt nur wenn das interessierende Feld angeklickt wurde. Die Undo-Funktion ist einstufig, das heißt es kann nur die letzte Änderung rückgängig gemacht werden. War das Feld vor der Texteingabe und dem dann anschließenden betätigen des [U] Buttons leer erfolgt kein Undo!

Quelltext

[Beim Anzeigen]
```
DoCmd.SetWarnings False
US = ""
UT = ""
UTI = ""
UB = ""
UQ = ""
If Sachverhalt.Value <> "" Then
    US = Sachverhalt.Value
Else
    US = ""
End If
If Thema.Value <> "" Then
    UT = Thema.Value
Else
    UT = ""
End If
If Titel.Value <> "" Then
    UTI = Titel.Value
Else
    UTI = ""
End If
If Beschreibung.Value <> "" Then
    UB = Beschreibung.Value
Else
    UB = ""
```

```
End If
If Quelltext.Value <> "" Then
  UQ = Quelltext.Value
Else
  UQ = ""
End If
```

Beim Anzeigen der Benutzeroberfläche werden die Inhalte der editierbaren Felder gemerkt.

[Beim klicken]

```
istUndoMoeglich = True
```

Bei einem Klick in ein Editierbares Feld wird die Undo-Funktion aktiviert.

[Undo]

```
If Not istUndoMoeglich Then
  MsgBox "Es liegen keine Undo Informationen vor!", 48, "Hinweis"
  Exit Sub
End If
If Not IsNull(US) And Not US = "" Then
  'Sachverhalt.Value = US
End If
If Not IsNull(UT) And Not UT = "" Then
  'Thema.Value = UT
End If
If Not IsNull(UTI) And Not UTI = "" Then
  Titel.Value = UTI
End If
If Not IsNull(UB) And Not UB = "" Then
  Beschreibung.Value = UB
End If
If Not IsNull(UQ) And Not UQ = "" Then
  Quelltext.Value = UQ
End If
```

Undo wird ausgeführt durch zuweisen der gemerkten Daten.

4.9 Anzahl gespeicherter Datensätze

Mit dem [AZ] Button erfahren Sie wie viele Wissensartikel die KnowledgeBase enthält. Zusätzlich wird ihnen die Größe der zuletzt zusammengestellten Akte bzw. die Anzahl der gefilterten Wissensartikel angezeigt.

Quelltext

```
MsgBox "Anzahl aller Wissensartikel: " + str$(DCount("*", "KnowlegeBase")) _
+ " Umfang der letzten Akte: " + str$(DCount("*", "KnowlegeBase", _
Me.Filter)) + " Wissensartikel", 64, "Abfrage"
```

Die Anzahl der Datensätze wird mit der Funktion DCount ermittelt. Dieser werden die gewünschten Felder <*>, die gewünschte Tabelle <KnowledgeBase> und ein gewünschtes Suchkriterium <Me:Filter> mitgeliefert.

4.10 Größe der KnowledgeBase

Mit dem [G] Button wird die Größe der KnowledgeBase auf dem Datenträger in GB ermittelt.

Quelltext

```
Dim gr As Double
Dim zgr As Double
gr = Ordnergroesse(CurrentProject.path + "/Dokumente")

If gr > 1000000 Then
   zgr = gr / 1000000
   MsgBox "KnowledgeBase Groesse: " + str$(Round(zgr, 2)) + " GB", 64, _
   "Abfrage"
Else
   zgr = gr / 1000
   MsgBox "KnowledgeBase Groesse: " + str$(Round(zgr, 2)) + " MB", 64, _
   "Abfrage"
End If
```

[Ordnergroesse]

```
Dim objFSO As Object
Dim objOrdner As Object
On Error GoTo Fehler

Set objFSO = CreateObject("Scripting.FileSystemObject")
Set objOrdner = objFSO.GetFolder(strPfad)

Ordnergroesse = objOrdner.Size / 1000   'Ordnergröße

Exit Function

Fehler:
MsgBox "FehlerNr.: " & Err.Number & _
    vbNewLine & vbNewLine & _
    "Beschreibung: " & Err.Description, _
    vbCritical, "Fehler:"
```

Die Größe der KnowledgeBase wird mit der Funktion Ordnergroesse ermittelt (strPfad wird übergeben) und anschließend auf <MB> bzw. <GB > Größe formatiert.

4.11 Status Informationen

Einige Programmteile der KnowledgBase teilen ihnen mit ob sie noch arbeiten oder wie weit die Bearbeitung fortgeschritten ist. Das sehen sie z.B. an rot bzw. grün geschriebenen Hinweisen ganz oben links oder einem Fortschrittsbalken in der Mitte oder ganz unten links. Sofern Sie für eine Funktion nicht unmittelbar eine Quittierungsmeldung erhalten, achten sie bitte darauf.

[Funktion ohne Quelltext]

4.12 Screen-Safer u. Tastatur-Sperre

Wollen sie verhindern, dass unbefugte Personen - z.B. ein Kunde ihres Unternehmens - Einblick auf den Bildschirm der Knowled-geBase hat können sie diesen mit dem [Safer] Button verdecken. Mit dem [Sperre] Button sperren sie die Tastatur für Eingaben.

[Funktion ohne Quelltext] .

4.13 Taschenrechner
Der [T] Button ruft den Windows Taschenrechner auf.

Quelltext

```
Dim sho
Set sho = CreateObject("wscript.shell")
sho.exec ("%SystemRoot%\system32\calc.exe")
```

Erstellt ein wscript.shell Object und startet mit diesem den Windows Taschenrechner.

4.14 Adressen-Verwaltung

In der KnowledgeBase steht ihnen eine Adressen- und Kommu-nikationsverwaltung zur Verfügung. Sie wird mit dem [Adr] But-ton oben rechts aufgerufen. Alle Adressen in der Adressen-Verwaltung können zum Erstellen eines Verteilers (s.a. 9.3) ge-nutzt werden. Eine ausführliche Anleitung für die Adressen- und Kommunikationsverwaltung finden sie unter 14.1.

[Funktion ohne Quelltext]

4.15 Google Suche

Markieren sie ein Wort, einen Textteil oder einen Satz im <Tit-le>, der <Beschreibung> oder dem >Quelltext> und klicken auf

[Google Suche] um Informationen dazu im Internet zu suchen. Der Internet Explorer öffnet sich dann - evtl. minimiert in der Taskleiste - mit dem Suchergebnis.

Quelltext

[Bei Fokusverlust]

```
marktext = Me.Beschreibung.SelText
```

Die Variable marktext wird bei Fokusverlust der Felder <Titel>, <Beschreibung> oder <Quelltext> mit dem selektierten Text gefüllt (hier Beispielhaft für das Beschreibungsfeld).

```
If marktext = "" Then
    MsgBox "Kein Text für die Suche markiert!", 48, "Hinweis!"
    Exit Sub
End If

Dim browser
Set browser = CreateObject("InternetExplorer.Application")
With browser
    .Visible = True
    .Navigate "www.google.com/search?q=" & marktext
End With
Me.SetFocus
```

Es wird geprüft ob Text zum Suchen vorhanden ist und wenn ja das Objekt Browser erzeugt. Dessen Eigenschaft Visible wird auf <True> gesetzt und die Funktion Navigat mit der entsprechenden Googlesuche aufgerufen.

4.16 KnowledgeBase Vorschau

Mit dem [V] Button wird ein Vorschau-Icon auf dem Desktop erstellt. Mit der Vorschau können sie sich sehr schnell einen Überblick über den Inhalt der KnowledgeBase verschaffen. Klicken Sie in der Vorschau-Funktion zunächst auf [Sachverhalt] um das Passwort der KnowledgeBase einzugeben und alle Sachverhalte der KnowledgeBase anzuzeigen. Klicken sie dann auf [Thema] und geben dann einen bestimmten Sachverhalt ein. Es werden Ihnen nun alle Themen zu diesem Sachverhalt angezeigt.

Wenn sie also zunächst einmal nur wissen wollen ob ein bestimmter Wissensartikel in der KnowledgeBase überhaupt vorhanden ist, können sie dies mit der Vorschau Funktion schnell erledigen

[Funktion ohne Quelltext]

4.17 Liste Sachverhalte

Mit dem [BS] Button oben links wird ihnen eine Liste der verfügbaren Sachverhalte angezeigt und sie haben die Möglichkeit direkt zu einer Auswahl zu springen.

Siehe Quelltext zu Kapitel 6.2

5. Hilfe und Fehlermeldungen

5.1 Hilfe, Tooltipps und Statusleiste

Mit dem [Hilfe] Button oder der <F1> Taste können Sie die Hilfe der KnowledgeBase aufrufen. Die Hilfe enthält nicht alle Informationen. Sie dient dem schnellen Auffinden wichtiger Sachverhalte. Eine vollständige Funktionsbeschreibung finden sie in diesem Buch.

Wenn sie den Cursor einige Sekunden über einen Button oder ein Feld halten, erhalten sie einen Hinweis zu dessen Funktion.

In der Statusleiste unten wird die Funktion des zuletzt angeklickten Buttons angezeigt.

Quelltext

```
ShowHTMLHelp CurrentProject.path & "\KnowledgeBase.chm"
```

Zeigt die KnowledgeBase Hilfe an (Die Hilfe selbst wurde mit dem Tool <Microsoft HTML Help Workshop> erstellt).

5.2 Handbuch

Das Handbuch der KnowledgeBase wird mit dem Button [Handbuch] oder der Tastenkombination [Ctrl+T] (Tutorial) aufgerufen. Es kann sein, dass das Handbuch zunächst minimiert in der Taskleiste geöffnet wird. Durch einen Klick darauf wird es in der Maximalgröße angezeigt.

Quelltext

```
Call OpenPDF(CurrentProject.path + "\Knowledge-Dokumente\Handbuch.pdf")
```

Öffnet den Adobe Acrobat Reader und zeigt das Handbuch an.

```
Sub OpenPDF(ByVal pfadunddatei As String)
    ShellExecute 0, "Open", pfadunddatei, vbNullString, vbNullString, _
    vbNormalFocus
End Sub
```

5.3 Fehlermeldungen und Hinweise

Die KnowledgeBase fängt Fehler weitgehend ab und weist sie mit entsprechenden Meldungen entweder darauf hin, dass die gewählte Aktion fehlerhaft, nicht möglich ist oder was stattdessen zu tun ist. In bestimmten Fällen kann es vorkommen, dass die Fehlermeldungen mehrfach angezeigt werden. Sie erhalten darüber hinaus normalerweise für eine Aktion einen Hinweis, wenn diese abgeschlossen ist.

Quelltext

```
On Error GoTo Fehler

'Quellcode der Funktion oder Prozedure

Weiter_machen:
    Exit Sub

Fehler:
    MsgBox "Ein Problem ist aufgetreten: " & Err.Description, 16, "Fehler"
    Resume Weiter_machen
```

Prinzipieller Aufbau einer Fehlerbehandlung

5.4 Administrator-Funktionen

PDFCreator installieren
Durch betätigen der Tastenkombination [Ctrl+I] wird der PDFCreator auf ihrem Computer installiert (s. 1.7). Während der Installation erhal-

ten sie eine Fehlermeldung. Quittieren sie diese mit [Abbrechen]. Die Installation wird dann normal fortgesetzt.

Bitte den installierten PDFCreator niemals updaten!

Siehe Quelltext zu Kapitel 1.7

Dokument oder Sound verloren <-> Verbindung fehlerhaft
Falls sie nicht sicher sind ob noch alle Dateien die sie der Knowledge-Base hinzugefügt haben (den Wissensartikel zugeordnete Dokumente oder zugeordneten Sounds – s. Kapitel 7 und Kapitel 12) physisch auf der Festplatte vorhanden sind, können sie dies mit der Tastenkombination [Ctrl+U] überprüfen (diese Funktion ist das Gegenteil der Check-Funktion s. 13.3). Sollten Dateien verloren sein wird ihnen dies mitgeteilt und sie können dann die Verbindungen zu den fehlenden Dateien (Dokumente oder Sounds) – die somit fehlerhaft sind - vom betroffenen Wissensartikel aus mit den Tastenkombinationen [Ctrl+D] bzw. [Ctrl+S] entfernen (am Häkchen zu sehen).

Quelltext

```
Dim xws As Workspace
Dim xdb As Database
Dim xtb As DAO.Recordset
Dim dortsuch As String
Dim gefunden As String
Dim nb As String
Dim z As Long

z = 0
dortsuch = CurrentProject.path + "\Dokumente"
gefunden = ""

Set xws = DBEngine.Workspaces(0)
Set xdb = CurrentDb()
Set xtb = xdb.OpenRecordset("KnowlegeBase", dbOpenDynaset)

MsgBox "Es wird nun nach verlorenen Dateien gesucht!", 64, "Hinweis"
```

```vba
xtb.MoveFirst

While Not xtb.EOF
    nb = Trim$(str$(xtb!ID))
    If xtb!Dokument Then
        If Me.Bild Then
            If Not Dateisuchen(dortsuch, "Doku" + nb + ".tif") Then
                gefunden = gefunden + "Doku" + nb + ".tif" + vbNewLine
            End If
        Else
            If Not Dateisuchen(dortsuch, "Doku" + nb + ".tiff") Then
                gefunden = gefunden + "Doku" + nb + ".tif" + vbNewLine
            End If
        End If
    End If
    If xtb!Sound Then
        If Not Dateisuchen(dortsuch, "Sound" + nb + ".wav") Then
            gefunden = gefunden + "Sound" + nb + ".wav" + vbNewLine
        End If
    End If
    If xtb!Word Then
        If Not Dateisuchen(dortsuch, "Doku" + nb + ".doc") Then
            gefunden = gefunden + "Doku" + nb + ".doc" + vbNewLine
        End If
    End If
    If xtb!Exel Then
        If Not Dateisuchen(dortsuch, "Doku" + nb + ".xls") Then
            gefunden = gefunden + "Doku" + nb + ".xls" + vbNewLine
        End If
    End If
    If xtb!PDF Then
        If Not Dateisuchen(dortsuch, "Doku" + nb + ".pdf") Then
            gefunden = gefunden + "Doku" + nb + ".pdf" + vbNewLine
        End If
    End If
    z = z + 1
    'MsgBox "Durchgang: " + str$(z)
    xtb.MoveNext
Wend
If gefunden <> "" Then
```

```
    Open CurrentProject.path + "\LinkFehler.txt" For Output As #1
    Print #1, "Die KnowledgeBase enthält Verbindungen auf folgende _
    fehlende Dateien:" + vbNewLine + vbNewLine + gefunden + vbNewLine _
    + "Entfernen sie bitte die Verbindungen in den Wissensartikeln der _
    entsprechenden Nummer mit [Ctrl+D] für Dokumente oder [Ctrl+S] _
    für Sounds"
    Close #1
    Dim sho
    Set sho = CreateObject("wscript.shell")
    sho.exec ("%SystemRoot%\system32\notepad.exe " + _
    CurrentProject.path + "\LinkFehler.txt")
Else
    MsgBox "Alles in Ordnung!", 64, "Hinweis"
End If
```

Die KnowledgBase wird Satz für Satz durchsucht. Für den Fall
dass einem Satz eine Dokument, Sound oder Office Dokument
zugeordnet ist wird dieses mit der Funktion Dateisuchen auf dem
Speichermedium gesucht. Ist es dort nicht vorhanden wird dies in
eine Fehlermeldung aufgenommen, die am Ende der Funktion
alle fehlenden Dateien auflistet und sagt was zu tun ist.

[Datei suchen]

```
Public Function Dateisuchen(ByVal Pfad As String, ByVal Datei As String) _
As Boolean
    Dim str As String
    Dim lng As Long

    lng = 0
    str = String(Verzeichnisse, 0)
    lng = SearchTreeForFile(Pfad, Datei, str)
    If lng <> 0 Then
      Dateisuchen = True
    Else
      Dateisuchen = False
    End If

End Function
```

[Ctrl+D]

```
If Not verschlagwortung Then
  MsgBox "Bitte erst diesen Wissensartikel verschlagworten bzw. warten _
  Sie bis der aktuelle Prozess beendet ist.", 48, "Bedienung"
  Exit Sub
End If
If MsgBox("WARNUNG: Durch die falsche Anwendung dieser Funktion _
  können schwerwiegende Probleme auftreten! Wollen sie fortfahren?", _
  48 + 4, "Verbindung zum Dokument löschen") = 7 Then
  Exit Sub
End If
If Me.Dokument Then
  If MsgBox("Soll die Dokument-Verbindung entfernt werden?", 32 + 4, _
  "Aktion") = vbYes Then
    Me.Dokument = False
    Me.Stempel = False
    Me.MSeiten = 0
  End If
End If
If Me.Word Then
  If MsgBox("Soll die Word-Dokument-Verbindung entfernt werden?", _
  32 + 4, "Aktion") = vbYes Then
    Me.Word = False
  End If
End If
If Me.Exel Then
  If MsgBox("Soll die Exel-Dokument-Verbindung entfernt werden?", _
  32 + 4, "Aktion") = vbYes Then
    Me.Exel = False
  End If
End If
If Me.PDF Then
  If MsgBox("Soll die PDF-Dokument-Verbindung entfernt werden?", _
  32 + 4, "Aktion") = vbYes Then
    Me.PDF = False
  End If
End If
Call Aktualisieren
MsgBox "Verbindung zum Dokument wurde entfernt", 64, "Hinweis"
```

Nach der Überprüfung auf verschlagwortung wird darauf hingewiesen, dass die Anwendung der Funktion zu Problemen führen kann. Insbesondere wenn man die Verbindung zu einem noch vorhandenen Dokument entfernt entstehen zumindest einmal inkonsiste Datenbestände. Danach wird die Verbindung zu dem Dokument bzw. den Dokumenten, falls PDF und Worddokument zusammen vorhanden sind, nach einer Sicherheitsabfrage gelöscht.

[Ctrl+S]

```
If Not verschlagwortung Then
    MsgBox "Bitte erst diesen Wissensartikel verschlagworten bzw. warten _
    Sie bis der aktuelle Prozess beendet ist.", 48, "Bedienung"
    Exit Sub
End If
If MsgBox("WARNUNG: Es können durch die Anwendung dieser _
    Funktion schwerwiegende Probleme auftreten! Wollen sie fortfahren?", 48 _
    + 4, "Verbindung zum Sprachmemo löschen") = 7 Then
    Exit Sub
End If
Me.Sound = False
Call Aktualisieren
MsgBox "Verbindung zur Sprachaufzeichnung wurde entfent", 64, "Hinweis"
```

Nach einem Warnhinweis wird die Verbindung zu einem Sound auf <False> gesetzt.

Zugeordnete Dateien löschen
Gescannte Dokumente an sich werden mit dem [Dok. löschen] Button entfernt, zugeordnete Sounds mit dem [Del] Button. Word, Exel und PDF Dokumente können mit der Tastenkombination [Ctrl+L] gelöscht werden (s. 7.5, 7.6 u. 12.4).

Beliebige Datei Löschen – Funktion
Irgendeine andere Datei kann von einem Datensatz dem **kein** Office-Dokument zugeordnet ist ebenfalls gelöscht werden. Für einen solchen Datensatz hat die Tastenkombination [Ctrl+L] nur die Datei-Löschen Funktion.

Quelltext
[Dok. Löschen]

```
Dim w As String
w = Me.Recordset("ID").Value

If Not Dokument.Value Then
    MsgBox "Kein Dokument vorhanden!", 64, "Hinweis"
    Exit Sub
End If

If MsgBox("Wollen Sie das Dokument wirklich löschen?", 32 + 4, "Aktion") _
= vbYes Then
   Kill (CurrentProject.path & "\Dokumente\Doku" & Trim$(str$(w)) & ".tif")
   If Me.Stempel Then
     Kill (CurrentProject.path & "\Dokumente\Stempel\Stempel" _
     & Trim$(str$(w)) & ".jpg")
     Stempel.Value = False
   End If
   Dokument.Value = False
Else
   Exit Sub
End If

Sleep 100
Call Aktualisieren
MsgBox "Das Dokument wurde gelöscht", 64, "Vollzugsmeldung"
```

Es wird geprüft ob ein Dokument vorhanden ist u. wenn ja dieses nach einer Sicherheitsabfrage gelöscht. Außerdem wird, falls vorhanden, ein zugehöriges gestempeltes Dokument gelöscht.

[Del]

```
Dim w As String
w = Me.Recordset("ID").Value

If Not Sound Then
  MsgBox "Keine Aufnahme vorhanden!", 64, "Hinweis"
```

```
  Exit Sub
End If

If MsgBox("Wollen Sie die Aufnahme wirklich löschen?", 32 + 4, "Aktion") _
  = vbYes Then
  Kill (CurrentProject.path & "\Dokumente\Sound" & w & ".wav")
  Sound.Value = False
Else
  Exit Sub
End If

Sleep 100
Call Aktualisieren
MsgBox "Die Sprachaufzeichnung wurde gelöscht!", 64, "Vollzugsmeldung"
```

Es wird geprüft ob eine Aufnahme vorhanden ist u. wenn ja diese nach einer Sicherheitsabfrage gelöscht.

[Ctrl+L]

```
Dim fd As New FileDialog
Dim dateiname As String

If Me.Word Or Me.Exel Or Me.PDF Then
  If MsgBox("Wollen Sie das vorhandene Office-Dokument wirklich _
  löschen?", 32 + 4, "Aktion") = vbYes Then
    If Me.Word Then
      Kill (CurrentProject.path & "\Dokumente\Doku" & _
      Trim$(Me.Recordset("ID").Value) & ".doc")
      Me.Word = False
    Else
      If Me.Exel Then
        Kill (CurrentProject.path & "\Dokumente\Doku" & _
        Trim$(Me.Recordset("ID").Value) & ".xls")
        Me.Exel = False
      Else
        If Me.PDF Then
          Kill (CurrentProject.path & "\Dokumente\Doku" & _
          Trim$(Me.Recordset("ID").Value) & ".pdf")
          Me.PDF = False
```

```
      End If
    End If
  End If
  Sleep 100
  Call Aktualisieren
  MsgBox "Das Dokument wurde gelöscht!", 64, "Vollzugsmeldung"
  End If
  Exit Sub
End If

dateiname = ""
dateiname = fd.ShowOpen
If dateiname = "" Then
  Exit Sub
End If

If MsgBox("Soll die ausgewählte Datei unwiederbringlich gelöscht _
werden?", 32 + 4, "Aktion") = 7 Then
  Exit Sub
End If
Kill (dateiname)
MsgBox "Die Datei wurde unwiederbringlich gelöscht", 64, "Vollzugsmeldung"
```

Es wird geprüft ob dem aktuellen Datensatz ein Word, Exel oder PDF Dokument zugeordnet ist. Wenn ja, wird das Dokument gelöscht. War kein Dokument zugeordnet wird der Dateiauswahldialog geöffnet und nach einer Sicherheitsabfrage falls gewünscht die ausgewählte Datei gelöscht.

5.5 Shortcuts* (Tastenkombinationen)

*Die entsprechenden Funktionen werden ausführlich an den behandelnden Stellen beschrieben.

Mit [Ctrl+K] werden im Programm alle Shortcuts angezeigt

[Ctrl+1] – Alle Wissensartikel der Cloud anzeigen
[Ctrl+2] – Light-GUI ein-/ausschalten
[Ctrl+3] – Logo für Briefe laden
[Ctrl+4] – Alle Wissensartikel für den aktuellen Sachverhalt
[Ctrl+5] – Datensatz-Makierer einschalten
[Ctrl+6] – Datensatz-Makierer ausschalten
[Ctrl+7] – Voice-Maker installieren
[Ctrl+8] - MultiTasking und MultiUser ein-/ausschalten
[Ctrl+9] – Adress- u. Kommunikationsverwaltung löschen
[Ctrl+B] – Datum des letzten Backups ermitteln
[Ctrl+D] – Verbindung zu einem Dokument lösen
[Ctrl+E] – kurze E-Mails versenden
[Ctrl+F] – Brennersoftware installieren
[Ctrl+G] – Karteileichen in Sachverhalt u. Thema entfernen
[Ctrl+I] – PDFCreator installieren
[Ctrl+J] – Java installieren
[Ctrl+K] – Alle Shortcuts anzeigen
[Ctrl+L] – Office Dokument oder beliebige Datei löschen
[Ctrl+M] – Office Dokument anzeigen
[Ctrl+O] – OCR-Programm einbinden
[Ctrl+Q] – SQL-Abfrage formulieren
[Ctrl+R] – Sound-Rekorder öffnen
[Ctrl+S] – Verbindung zu einem Sound lösen
[Ctrl+T] - Handbuch öffnen
[Ctrl+U] – Test ob zugehörige Dokumente vorhanden sind
[Ctrl+W] – Webserver starten
[Ctrl+Z] – Entscheidungshilfe Electre aufrufen

HINWEIS: Statt der Ctrl-Taste können sie auf Ihrer Tastatur auch die Strg-Taste vorfinden. Sie ist dann entsprechend der Ctrl-Taste zu nutzen.

Quelltext

[Ctrl+4]
Der Quelltext ist in der UserBase3 zu finden

[Ctrl+5]
Me.RecordSelectors = True

[Ctrl+6]
Me.RecordSelectors = False

[Ctrl+B]
Siehe Quelltext zu Kapitel 13.1

[Ctrl+D]
Siehe Quelltext zu Kapitel 5.4

[Ctrl+I]
Siehe Quelltext zu Kapitel 1.7

[Ctrl+K]
```
Dim hinweis As String
hinweis = "Verzeichnis" + vbNewLine
hinweis = hinweis + "******************************************" _
+ vbNewLine
hinweis = hinweis + "[Ctrl+4] - Alle Wissensartikel für den aktuellen _
Sachverhalt" + vbNewLine
hinweis = hinweis + "[Ctrl+5] - Datensatz-Makierer einschalten" + vbNewLine _
hinweis = hinweis + "[Ctrl+6] - Datensatz-Makierer ausschalten" + _
vbNewLine
hinweis = hinweis + "[Ctrl+B] - Datum des letzten Backups" + vbNewLine
hinweis = hinweis + "[Ctrl+D] - Verbindung zu einem Dokument lösen" _
+ vbNewLine
hinweis = hinweis + "[Ctrl+G] - Karteileichen aus Sachverhalten und _
Themen entfernen" + vbNewLine
hinweis = hinweis + "[Ctrl+I] - PDFCreator installieren" + vbNewLine
hinweis = hinweis + "[Ctrl+L] - Office Dokument oder beliebige Datei löschen" _
```

```
+ vbNewLine
hinweis = hinweis + "[Ctrl+M] - Office Dokument anzeigen" + vbNewLine
hinweis = hinweis + "[Ctrl+Q] - SQL-Abfrage ausführen" + vbNewLine
hinweis = hinweis + "[Ctrl+S] - Verbindung zu einem Sound lösen" + vbNewLine
hinweis = hinweis + "[Ctrl+T] - Handbuch öffnen" + vbNewLine
hinweis = hinweis + "[Ctrl+U] - Testet ob zugehörige Dokumente _
vorhanden sind" + vbNewLine
clipboard.SetText (hinweis)
DoCmd.OpenForm "Shortcuts"
```

[Ctrl+L]
Siehe Quelltext zu Kapitel 5.4
[Ctrl+M]
Siehe Quelltext zu Kapitel 7.4

[Ctrl+Q]
Siehe Quelltext zu Kapitel 6.6

[Ctrl+S]
Siehe Quelltext zu Kapitel 5.4

[Ctrl+T]
Siehe Quelltext zu Kapitel 5.2

[Ctrl+U]
Siehe Quelltext zu Kapitel 5.4

Alle anderen Shortcuts sind Funktionen ohne Quelltext

5.6 Text u. Hinweise vorlesen lassen

Klicken sie in eines der Felder Titel, Beschreibung oder Quelltext und anschließend auf den [Voice]-Button in der Mitte links
um sich den Text in diesen Feldern vorlesen zu lassen (dazu
wird die Eingabeaufforderung evtl. minimiert geöffnet).

Sie beenden das Vorlesen vorzeitig, indem Sie die Eingabeaufforderung schließen.

Hinweise werden zusammen mit dem Anzeigen der Meldung im Hauptprogramm vorgelesen (die Vorlesesoftware muss installiert sein). Sie können die Funktion ausschalten, wenn Sie auf den Button neben dem [Voice] Button klicken. Der Button enthält die Aufschrift <Ein/Aus> je nachdem ob die Funktion ein- oder ausgeschaltet ist.

HINWEIS: Wenn die Software zum Vorlesen noch nicht installiert ist werden sie bei klick auf [Voice] darauf hingewiesen. Sie können die Software dann mit der Tastenkombination [Ctrl+7] installieren. Bitte wählen sie im zweiten Schritt der Installation mit dem [Durchsuchen] Button das Verzeichnis <C:\KnowledgeProg>. Der Ordner <eSpeak> wird vom Installationsprogramm automatisch angehängt. Der gesamte Pfad lautet also <C:\KnowledgeProg\eSpeak>. Sollte der Ordner <eSpeak> bereits vorhanden sein, werden sie nach [weiter] gefragt ob sie trotzdem in diesen Ordner installieren möchten. Quittieren sie dies mit <Ja> Ändern sie ansonsten keine Voreinstellungen im Installationsprogramm! Anschließend ist die Vorlesestimme sofort verfügbar.

[Funktion ohne Quelltext]

6. Wissensartikel

6.1 Planung

Zur sinnvollen Nutzung der KnowledgeBase sollten Sie sich Gedanken darüber machen wie Sie die Informationen im Allgemeinen und Dokumente im Besonderen darin organisieren wollen. Organisieren bedeutet dabei, dass sie wie bei herkömmlichen Papierdokumenten auch, Ordner oder Mappen für einen bestimmten Themenkreis anlegen und diese dann mit Dokumenten füllen. Zeugnisse, Rechnungen, Verträge usw. wären Beispielsweise solche Ordner. Das Anlegen eines Ordners und die Zuordnung von Dokumenten wird in der KnowledgeBase Verschlagwortung genannt. Die KnowledgeBase hat eine kurze Verschlagwortung, nämlich 2 stufig: Sachverhalt (Ordner) und Thema (Dokument). Man könnte auch ein 3 stufiges Schema z.B. zusätzlich für Aktenschränke oder gar ein 4 stufiges Schema z.B. für verschiedene Bibliotheken verwenden. Für eine Erweiterung des Schemas vergleichen sie auch den Hinweis unter 4.3 und die Erläuterungen unter 6.7 – Sammlung.

Bei der Wahl des Sachverhaltes (Ordner) sollten sie möglichst nah am Thema (Dokument) bleiben. Wenn sie Beispielsweise Zeitungsartikel über Umweltkatastrophen anlegen möchten, sollten sie als Sachverhalt <Umweltkatastrophen> wählen und nicht etwa <Zeitungsartikel>. Die einzelnen Artikel nennen sie dann im Thema z.B. <Zunami in Indonesien>, <Urwaldrodung am Amazonas>, <Waldsterben in Europa> usw. Der Sinn hierbei ist, dass Sie beim späteren Recherchieren in der KnowledgBase auch zusammengehörige Themen leicht finden. Würden Sie, wie in unserem Beispiel, die Artikel mit dem umfassenderen Sachverhalt <Zeitungsartikel> benennen, bekämen Sie bei einer Recherche nach Umweltkatastrophen auch Artikel präsentiert, die sie mit großer Wahrscheinlichkeit gar nicht suchen wollten. Die Klammer durch den Oberbegriff <Zeitungsartikel> wäre einfach zu groß. Lässt es sich nicht vermeiden wie im Beispiel den Oberbegriff <Zeitungsartikel> zu verwenden, können Sie mit einem Trick auch ein dreistufiges Gliederungsschema anlegen. Benennen Sie dann den Sachverhalt z.B. <Zeitungsartikel Modetrends>, <Zeitungsartikel Umweltkatastrophen> usw. Wenn Sie bei einer späteren Recherche dann alle Zeitungsartikel zusammenstellen wollen verwenden Sie den Wildcard Operator (s. 6.6) und suchen <Zeitungsartikel*>. Wollen Sie dagegen nur die Umweltkatastrophen zusammenstellen suchen Sie nach <*Umweltkatastrophen*> (s.a. Anh. 5 – Tipps zur Verschlagwortung)

[Funktion ohne Quelltext]

6.2 Sachverhalt anlegen

Zum Anlegen eines neuen Sachverhaltes drücken sie den Button [Sachverhalt anlegen]. Geben Sie nacheinander alle neuen Sachverhalte durch betätigen des Buttons [Neuer Eintrag] ein und drücken abschließend den Button [Aktualisieren] - die Einträge werden dadurch in die KnowledgeBase eingeordnet. Sie verlassen die Eingabemaske indem Sie den [Beenden] Button drücken (dadurch wird zusätzlich auch eine automatische Aktualisierung der KnowledgeBase vorgenommen).

HINWEIS: Mit dem [BS] Button oben links können sie direkt zum ersten Wissensartikel eines schon verwendeten Sachverhaltes springen. Mit dem [S] Button darunter wird ihnen eine Liste der verfügbaren Sachverhalte angezeigt.

Quelltext

```
Dim stDocName As String
Dim stLinkCriteria As String
```

```
If Not verschlagwortung Then
    MsgBox "Ein neuer Sachverhalt kann nicht eingegeben werden, wenn _
    ein neuer Wissensartikel noch nicht verschlagwortet wurde bzw. warten _
    Sie bis der aktuelle Prozess beendet ist.", 48, "Bedienung"
    Exit Sub
End If
If Not merken Then
    Call aktualisieren
End If
stDocName = "Sachverhalt"
DoCmd.OpenForm stDocName, , , stLinkCriteria, , acDialog
```

Das Formular Sachverhalt wird aufgerufen.

6.3 Thema anlegen

Entsprechend gehen Sie bei der Eingabe eines neuen Themas durch drücken des [Thema anlegen] Button vor. Sachverhalte und Themen können nachträglich auch umbenannt werden. Mit dem [T] Button (unter dem [BS] Button) können sie direkt zu einem Thema aus einer Auswahl, passend zu dem mit dem [BS] Button aufgerufenen Sachverhalt, springen.

Quelltext

```
Dim stDocName As String
Dim stLinkCriteria As String
If Not verschlagwortung Then
    MsgBox "Ein neuer Sachverhalt kann nicht eingegeben werden, wenn _
    ein neuer Wissensartikel noch nicht verschlagwortet wurde bzw. warten _
    Sie bis der aktuelle Prozess beendet ist.", 48, "Bedienung"
    Exit Sub
End If
If Not merken Then
    Call aktualisieren
End If
stDocName = "Thema"
DoCmd.OpenForm stDocName, , , stLinkCriteria, , acDialog
```
Das Formular Thema wird aufgerufen.

Hinweis: Die Beispieldatenbankanwendung <UserBase3> enthält im Formular Thema die Möglichkeit einen <Sachverhalt> vorauszuwählen. Dadurch werden dann im [Thema-Listenfeld] der Hauptanwendung nur die relevanten Themen angezeigt.

Neue Sachverhalte und ein zugehöriges Thema können auch direkt mit den [Neu] Buttons hinter den Sachverhalt- und Thema-Listen angelegt werden. In der <UserBase3> wird einem so angelegten Thema der angezeigte Sachverhalt zugewiesen.

Wenn sie beim Anlegen neuer Sachverhalte oder Themen Dubletten erzeugt haben sollten sie entweder das Formular ohne Aktualisierung verlassen – der ursprüngliche Sachverhalt/Thema bleibt erhalten – oder dem neuen Sachverhalt/Thema einen anderen Namen geben. Haben sie eine Dublette im aktuellen Datensatz erzeugt können sie das Formular ebenfalls ohne Aktualisierung verlassen – Sachverhalt/Thema bleiben dann erhalten - oder dem Sachverhalt/Thema einen neuen Namen geben und dann aktualisieren.

6.4 Wissensartikel anlegen

Ein neuer Wissensartikel (Datensatz) wird angelegt, in dem Sie den Button [Neuer Eintrag] anklicken, aus den Listen für Sachverhalt und Thema die gewünschten Begriffe zuordnen (Pfeil am rechten Rand von Sachverhalt und Thema anklicken), Titel, Beschreibung und Quelltext eingeben und wiederholt mit dem Button [Neuer Eintrag] fortfahren, bis alle gewünschten Artikel angelegt sind. Wenn Sie fertig sind klicken Sie zum Abschluss auf den Button [Aktualisieren] um die Daten in die KnowledgeBase einzuordnen.

Aktualisieren sie gegebenenfalls auch zwischendurch, wenn sie sicher gehen wollen, dass ihre Eingaben oder Änderungen auch in die KnowledgeBase übernommen worden sind. Wurde mindestens ein neuer Wissensartikel angelegt erhält das Feld <NWA> oben links ein Häkchen. Das Häkchen bleibt solange gesetzt, bis die KnowledgeBase aktualisiert wurde. Sie haben damit eine Kontrolle darüber ob noch Wissensartikel vorhanden sind die noch in die KnowledgeBase eingeordnet werden müssen (s.a. 1.4).

HINWEIS: Bevor sie mit der Arbeit in der KnowledgeBase fortfahren können, muss der aktuell neu angelegte Wissensartikel notwendigerweise verschlagwortet worden sein (die KnowledgeBase sperrt alle sonstigen Funktionen). Deshalb können Sie die Funktionen <Sachverhalt anlegen> und <Thema anlegen> an dieser Stelle nicht nutzen. Wollen Sie dennoch einen Sachverhalt und ein Thema zuordnen, welche noch nicht vorhanden sind, erstellen Sie dies dann mit den [Neu] Buttons hinter der Sachverhalt und Thema Liste.

Im Laufe der Nutzung der KnowledgeBase kann es sein, dass unter den Sachverhalten und Themen „Karteileichen" entstehen. Diese können sie mit [Ctrl+G] entfernen.

Quelltext

[Neuer Eintrag]
Siehe Quelltext zu Kapitel 1.4

[Ctrl+G]

```
If Not verschlagwortung Then
    MsgBox "Bitte erst diesen Wissensartikel verschlagworten bzw. warten _
    Sie bis der aktuelle Prozess beendet ist.", 48, "Bedienung"
    Exit Sub
End If

If MsgBox("Sollen nun alle Karteileichen aus den Sachverhalten und _
    Themen entfernt werden?", 32 + 4, "Frage") = vbNo Then
    MsgBox "Funktion wurde abgebrochen!"
    Exit Sub
End If
Dim dbx89 As Database
```

```vba
Dim SaSaeu As QueryDef
Dim TheSaeu As QueryDef
Dim rsx89 As DAO.Recordset
Dim rsx90 As DAO.Recordset
Dim rsx91 As DAO.Recordset
Dim rsx92 As DAO.Recordset

Set dbx89 = CurrentDb()
Set SaSaeu = dbx89.QueryDefs("SachverhalteSäubern")
Set TheSaeu = dbx89.QueryDefs("ThemenSäubern")
Set rsx89 = SaSaeu.OpenRecordset(dbOpenDynaset)
Set rsx90 = TheSaeu.OpenRecordset(dbOpenDynaset)
Set rsx91 = dbx89.OpenRecordset("SELECT * From Sachverhalt Order By ID")
Set rsx92 = dbx89.OpenRecordset("SELECT * From Thema Order By ID")

If Not rsx91.Updatable Then
   MsgBox "Diese Funktion kann zur Zeit nicht ausgeführt werden!"
   Exit Sub
End If
If rsx89.EOF Then
   MsgBox "Keine Karteileichen in den Sachverhalten vorhanden!"
   GoTo rsxEnde1
End If
rsx89.MoveFirst
While Not rsx89.EOF
  rsx91.FindFirst "ID = " + str(rsx89!ID)
  If Not rsx91.NoMatch Then
     rsx91.Delete
  End If
  rsx89.MoveNext
  If rsx89.EOF Then
     GoTo rsxEnde1
  End If
Wend
rsxEnde1:

If Not rsx92.Updatable Then
   MsgBox "Diese Funktion kann zur Zeit nicht ausgeführt werden!"
   Exit Sub
End If
```

```
If rsx90.EOF Then
    MsgBox "Keine Karteileichen in den Themen vorhanden!"
    Exit Sub
End If
rsx90.MoveFirst
While Not rsx90.EOF
    rsx92.FindFirst "ID = " + str(rsx90!ID)
    If Not rsx92.NoMatch Then
        rsx92.Delete
    End If
    rsx90.MoveNext
    If rsx90.EOF Then
        GoTo rsxEnde2
    End If
Wend
rsxEnde2:

MsgBox "Sachverhalte und Themen wurden gesäubert!"
```

Zunächst werden mit der Abfrage SachverhalteSäubern alle Karteileichen ermittelt und diese anschließend aus der Tabelle <Sachverhalt> gelöscht. Dann werden mit der Abfrage ThemenSäubern alle Karteileichen in den Themen ermittelt und diese ebenfalls gelöscht, diesmal aus der Tabelle <Thema>. Als Karteileichen gelten alle nicht aber auch noch nicht einem Wissensartikel zugeordeneten Sachverhalte oder Themen.

Sachverhalt und Thema ändern

Sie können eine Verschlagwortung im Nachhinein noch ändern, indem sie einen anderen Sachverhalt und/oder ein anderes Thema zuordnen. **Ab <UserBase3>: In dem zu ändernden Datensatz vorher zunächst [Aktualisieren] anklicken.** Entsteht durch eine so geänderte Verschlagwortung eine Dublette eines anderen Wissensartikels werden sie mit einer Fehlermeldung darauf hingewiesen. Geben Sie dann diesem fehlerhaft verschlagworteten Wissensartikel – er hat nun den Dummy Sachverhalt <Neuer

Sachverhalt> und das Dummy-Thema <Neues Thema> - eine andere Verschlagwortung. Wollen Sie eine geänderte Verschlagwortung wieder auf die ursprüngliche Verschlagwortung zurücksetzen sollten sie zuvor aktualisieren.

Quelltext

[Listenfeld Sachverhalt]

[Beim Hingehen]
```
SA = Sachverhalt.Value
```

Inhalt von Sachverhalt wird gemerkt

[Beim Klicken]
```
istUndoMoeglich = True
```

Undo wird eingeschaltet

[Bei Taste ab]
```
Sachverhalt.Enabled = True
Sachverhalt.Locked = True
```

Liste Sachverhalt wird gesperrt

[Bei Taste auf]
```
Sachverhalt.Locked = False
```

Liste Sachverhalt wird entsperrt

[Bei Änderung]

```
If Not neuersatz2 And Not dublette Then
   If MsgBox("Soll der Datensatz wirklich geändert _
   werden?", 32 + 4, "Frage") = vbNo Then
      If Me.Sachverhalt = "Neuer Sachverhalt" Then
```

```
        MsgBox "Diese Eingabe ist nicht möglich", 16, "Fehler"
      End If
      Sachverhalt.Value = SA
    Else
      Sleep 300
      Me!Sachverhalt.Requery
      Me!Thema.Requery
      If Sachverhalt.Value = "Neuer Sachverhalt" And Not _
      neuersatz Then
        MsgBox "Diese Eingabe ist nicht möglich", 16, _:
        "Bedienung"
        Sachverhalt.Value = SA
      End If
    End If
  End If
End If
```

Falls der aktuelle Satz nicht neu angelegt wurde und er auch keine Dublette ist wird gefragt ob er geändert werden soll. Wenn nein, wird geprüft ob es sich um den Reservierten Sachverhalt <Neuer Sachverhalt> handelt und mit einer Meldung darauf hingewiesen. Danach wird der alte Sachverhalt wiederhergestellt. Soll der Datensatz dagegen geändert werden, wird zuerst die Sachverhalt- und nach einer kurzen Pause die Themaliste aktualisiert und danach geprüft ob es sich um den reservierten Sachverhalt <Neuer Sachverhalt> und keinen neuen Datensatz handelt und wenn ja, nach einer Fehlermeldung der alte Sachverhalt wieder hergestellt.

[Nach Aktualisierung]

```
Dim lesezeichen
lesezeichen = Me.Bookmark

If DCount("*", "KnowlegeBase", _
  "[Sachverhalt]='" & Me!Sachverhalt & "' And " & _
  "[Thema]='" & Me!Thema & "'") > 0 Then
  MsgBox "Doppelter Datensatz - bitte eine andere _
  Eingabe wählen!", 16, "Fehler"
```

```
    ende = True
    Sachverhalt.Value = "Neuer Sachverhalt"
    Thema.Value = "Neues Thema"
    neuersatz = True
    dublette = True
    verschlagwortung = False
Else
    dublette = False
End If
If Not verschlagwortung Then
  If Not Me.Sachverhalt = "Neuer Sachverhalt" And _
  Not Me.Thema = "Neues Thema" Then
  verschlagwortung = True
End If
```

Zunächst wird geprüft ob es sich um einen doppelten Datensatz handelt. Wenn ja werden Sachverhalt und Thema auf <Neuer Sachverhalt> und >Neues Thema> gesetzt und einige Variablen zur weiteren Programmsteuerung entsprechend belegt. Ansonsten wird dublette = False gesetzt. Ist nicht die verschlagwortung und nicht die reservierten Wörter für Sachverhalt und Thema wird die verschlagwortung = True gesetzt.

[Listenfeld Thema]

[Beim Hingehen]

ta = Thema.Value

Inhalt von Thema wird gemerkt

[Beim Klicken]

istUndoMoeglich = True

Undo wird eingeschaltet
[Bei Taste ab]

```
Thema.Enabled = True
Thema.Locked = True
```

Liste Thema wird gesperrt

[Bei Taste auf]

```
Thema.Locked = False
```

Liste Sachverhalt wird entsperrt

[Bei Änderung]

```
If Not neuersatz2 And Not dublette Then
    If MsgBox("Soll der Datensatz wirklich geändert werden?", 32 + 4, _
    "Frage") = 7 Then
        If Me.Thema = "Neues Thema" Then
            MsgBox "Diese Eingabe ist nicht möglich", 16, "Fehler"
            Thema.Value = ta
            Exit Sub
        End If
        If DCount("*", "KnowlegeBase", "[Sachverhalt]='" & Me!Sachverhalt _
        & "' And " & "[Thema]='" & Me!Thema & "'") > 0 Then
            MsgBox "Diese Verschlagwortung existiert bereits!"
            ende = True
            Sachverhalt.Value = "Neuer Sachverhalt"
            Thema.Value = "Neues Thema"
            dublette = True
            verschlagwortung = False
            Exit Sub
        End If
        If Not dublette Then
            Me.Thema = ta
        End If
    Ellse
        Sleep 300
        If Thema.Value = "Neues Thema" And Not neuersatz Then
            MsgBox "Diese Eingabe ist nicht möglich", 16, "Fehler"
```

```
        Thema.Value = ta
      End If
    End If
    Call aktualisieren
  End If
  Call aktualisieren
```

Falls der aktuelle Satz nicht neu angelegt wurde und er auch keine Dublette ist wird gefragt ob er geändert werden soll. Wenn
nein, wird geprüft ob es sich um das reservierte Thema <Neues
Thema> handelt und mit einer Meldung darauf hingewiesen, das
alte Thema wiederhergestellt und die Funktion abgebrochen. Danach wird geprüft ob die Verschlagwortung bereits existiert und
wenn ja einige Steuerungsvariablen vorblegt, sowie die Funktion
abgebrochen. Handelt es sich um keine Dublette wird das alte
Thema wieder hergestellt. Soll der Datensatz dagegen geändert
werden, wird zuerst eine kurze Pause eingelegt, danach geprüft
ob es sich um das reservierte Thema <Neues Thema> handelt,
sowie kein neuer Datensatz vorliegt und wenn ja, nach einer
Fehlermeldung der alte Sachverhalt wieder hergestellt und die
KnowledgeBase aktualiesiert.

[Vor Aktualisierung]
```
sxalt = Me.Sachverhalt
txalt = Me.Thema
```

Sachverhalt und Thema werden gemerkt.

[Nach Aktualisierung]

```
Dim lesezeichen
lesezeichen = Me.Bookmark

If DCount("*", "KnowlegeBase", _
    "[Sachverhalt]='" & Me!Sachverhalt & "' And " & _
    "[Thema]='" & Me!Thema & "'") > 0 Then
    MsgBox "Doppelter Datensatz - bitte eine andere Eingabe wählen!", _
```

```
    16, "Fehler"
    ende = True
    Sachverhalt.Value = "Neuer Sachverhalt"
    Thema.Value = "Neues Thema"
    neuersatz = True
    dublette = True
    verschlagwortung = False
Else
    dublette = False
End If

If Not verschlagwortung Then
    If Not Me.Sachverhalt = "Neuer Sachverhalt" And Not Me.Thema = _
    "Neues Thema" Then
        verschlagwortung = True
    End If
End If
```

Zunächst wird das aktuelle Leseezeichen gemerkt. Dann wird
geprüft ob es sich um einen doppelten Datensatz handelt. Wenn
ja werden Sachverhalt und Thema auf <Neuer Sachverhalt> und
<Neues Thema> gesetzt und einige Variablen zur weiteren Pro-
grammsteuerung entsprechend belegt. Ansonsten wird dublette =
False gesetzt. Ist nicht die verschlagwortung und nicht die reservierten Wörter für Sachverhalt und Thema wird die verschlagwortung = True gesetzt.

6.5 Wissensartikel löschen

Zum Löschen eines Wissensartikels markieren Sie die längliche
Leiste am linken Rand und betätigen dann die <Entf> – Taste
(Wenn die Leiste nicht zu sehen ist schalten sie diese mit
[Ctrl+5] ein und mit [Ctrl+6] wieder aus). Nach dem Löschen
wird der erste Wissensartikel in der KnowledgeBase angezeigt.
Genauso gehen Sie vor, wenn Sie einen Sachverhalt oder ein
Thema löschen möchten. Wurde ein neuer Wissensartikel ange-

legt oder Sachverhalt und/oder Thema eines Wissensartikels geändert, der gleich wieder gelöscht werden soll, sollte er dennoch vor dem Löschen durch den [Aktualisieren] Button in die KnowledgeBase eingeordnet werden.

ACHTUNG: Wenn Sie einen Sachverhalt oder ein Thema löschen werden automatisch auch alle Wissensartikel mit diesen Sachverhalten und/oder Themen gelöscht! Wird ein Sachverhalt oder Thema gelöscht das im aktuellen Datensatz der KnowledgeBase verwendet wird, zeigt der zugehörige Wissensartikel nach der Rückkehr aus Sachverhalt oder Thema den Eintrag „gelöscht" an. Die KnowledgeBase sollte in einem solchen Fall unmittelbar aktualisiert werden um diese automatisch gelöschten Datensätze auch tatsächlich zu entfernen. Außerdem sollte in einem solchen Fall nach der Rückkehr aus Sachverhalt oder Thema auch unmittelbar die Check-Funktion (s. 13.3) aktiviert werden um nun eventuell vorhandene überflüssige Dokumente oder Sounds die zu den gelöschten Wissensartikel gehört haben zu entfernen.

Quelltext

[Ctrl+5]

Me.RecordSelectors = True

[Ctrl+6]

Me.RecordSelectors = False

Datensatzmakierer wird ein- bzw. ausgeschaltet.

[Beim Löschen]

```
Dim w As String
If DCount("*", "KnowlegeBase") = 1 Then
    MsgBox "Dieser Datensatz kann nicht gelöscht werden", 16, "Bedienung"
    Cancel = True
    Exit Sub
```

```
End If

If IsNull(Me.ID) Then
    MsgBox "Kein Datensatz aktiv", 48, "Hinweis"
    Exit Sub
End If

If MsgBox("Wollen sie den aktuellen Wissensartikel wirklich löschen?", _
48 + 4, "Aktion") = 7 Then
    Cancel = True
    Exit Sub
End If

Me.mHierher = ""
w = Me.Recordset("ID").Value
aktionloeschen = True

If Not verschlagwortung Then
    If Me.Sachverhalt = "Neuer Sachverhalt" And Me.Thema = _
    "Neues Thema" Then
        verschlagwortung = True
    End If
End If
If Dokument.Value Then
    Kill (CurrentProject.path & "\Dokumente\Doku" & w & ".tif")
End If
If Sound.Value Then
    Kill (CurrentProject.path & "\Dokumente\Sound" & w & ".wav")
End If
If Word.Value Then
    Kill (CurrentProject.path & "\Dokumente\Doku" & w & ".doc")
End If
If Exel.Value Then
    Kill (CurrentProject.path & "\Dokumente\Doku" & w & ".xls")
End If
If PDF.Value Then
    Kill (CurrentProject.path & "\Dokumente\Doku" & w & ".pdf")
End If
```

Verhindert dass der letzte Datensatz gelöscht wird. Ist kein Datensatz aktiv, zB. wenn ein neuer Satz angelegt und noch nicht verschlagwortet ist, wird abgebrochen. Dann erfolgt eine Sicherheitsabfrage, sowie ein Test ob keine verschlagwortung und Sachverhalt wie Thema die reservierten Wörter erhalten. Ist dem so, wird verschlagwortung = True gesetzt. Anschließend wird geprüft welche „Dokumente" vorhanden sind und diese dann gelöscht.

[Nach Löschbestätigung]

```
neuersatz = True

If IsNull(Me.Sachverhalt) Or IsNull(Me.Thema) Then
    DoCmd.GoToRecord , , acFirst
    Exit Sub
Else
    verschlagwortung = True
    Call aktualisieren
    DoCmd.GoToRecord , , acFirst
End If
```

Es wird, auch für den Fall das der aktuelle Datensatz undefiniert ist (gelöschter Satz), auf den ersten Wissensartikel in der KnowledgeBase plaziert. Für einen definierten Satz wird zusätzlich verschlagwortung = True gesetzt und die KnowledgeBase aktualisiert.

6.6 Recherche, SQL-Abfrage u. Mail-Search

Suchen bestimmter Wissensartikel

Klicken Sie in das Feld in dem die Suche erfolgen soll. Klicken sie dann auf den [Suchen] Button links. Geben Sie den zu suchenden Text ein. Klicken sie auf den [OK]-Button. Falls ein Wissensartikel mit dem gesuchten Text gefunden wurde, wird der Wissensartikel angezeigt.

Siehe Quelltext zu Kapitel 1.3

116

Erstellung einer elektronischen Akte

Das Recherchieren in der KnowledgeBase können sie sich wie die Formulierung einer mathematischen Gleichung vorstellen, für die alle Wissensartikel, deren Inhalt die Gleichung erfüllen, zu einer Akte zusammengestellt werden. Suchen Sie z.B. in dem Feld Sachverhalt den Inhalt "Umweltkatastrophen" stellt die KnowledgeBase Wissensartikel zusammen für welche die Gleichung Sachverhalt = "Umweltkatastrophen" zutreffen. Es werden also nur noch Wissensartikel angezeigt die im Sachverhalt den Text "Umweltkatastrophen" enthalten (entsprechend kann man Thema, Title, Beschreibung, Quelltext und die Zusatzangaben Erstellungsdatum, Autor, Abteilung nutzen). Wenn sich die elektronische Akte nicht allein durch eine Gleichung zusammenstellen lässt, können Sie mehrere „Gleichungen" angeben (das Recherchieren wird auch „Filtern" genannt): Klicken Sie links auf den [Filter] Button. Darauf hin erscheint ein leeres Formular. Klicken sie zunächst auf <Filter leeren>. Im Formular können Sie nun eines oder mehrere Felder benutzen, also eine oder mehrere „Gleichungen" formulieren. Mehr als eine Gleichung wird dabei automatisch logisch UND verknüpft. Also zum Beispiel:

Sachverhalt = "Zeugnisse" UND Thema = "Abschlusszeugnis *" (für „*" s. unten)

Einige der Informationen lassen sich im Filterformular darüber hinaus ODER-Verknüpfen. Dies geschieht indem man das entsprechende Häkchen vor der Information die ODER-Verknüpft werden soll setzt. Sind die gesuchten Daten sowohl UND als auch ODER Verknüpft, also z.B. a ODER (b UND c) werden zuerst die UND-Verknüpfungen ausgewertet und anschließen die ODER-Verknüpfungen.

Zum Erstellen der Akte drücken sie dann den [Filter anwenden] Button.

In den so zusammen gestellten Informationen können sie wie gewohnt arbeiten (Dokumente scannen ist nicht möglich).

Sie können den Filter wieder aufheben in dem sie Oben den roten [F]-Button drücken. Der Button wird dann grün.

Mit dem [AZ] Button oben in der Mitte lässt sich anzeigen wie viel Wissensartikel die zuletzt erstellte Akte enthält.

HINWEIS: Das Filter-Formular speichert ihre Eingaben. Dadurch können sie leicht zusätzliche Informationen hinzufügen und so schrittwiese die Recherche durch aufsetzen weiterer „Gleichungen" verfeinern. Leeren Sie das Formular gegebenenfalls mit dem Button [Formular leeren]. (s.a. Anhang 3 – schnelle Recherche mit der KBLite).

Mit dem [Delete Item] Button unten entfernen Sie den aktuell angezeigten Wissensartikel aus einer bestehenden Akte. Mit der Tastenkombination [Ctrl+4] erstellen sie einen Filter auf den aktuellen Sachverhalt.

Quelltext
[Filter]

```
If Me.Exodus Then
  MsgBox "Die Funktion ist gesperrt!", 48, "Hinweis"
  Exit Sub
End If

If Not verschlagwortung Then
  MsgBox "Bitte zuerst diesen Wissensartikel verschlagworten bzw. warten _
  Sie bis der aktuelle Prozess beendet ist.", 48, "Bedienung"
  Exit Sub
End If

clipboard.SetText ("Leer")

istUndoMoeglich = False
```

```
DoCmd.OpenForm "KnowlegeBaseFilter", , , , , acDialog
Dim cfilter As String
cfilter = clipboard.GetText
If clipboard.GetText = "abbruch" Then
  Me.FilterOn = False
  Me.Filterstatus.Caption = "Filter aus"
  MsgBox "Fuktion wurde abgebrochen!", 64, "Hinweis"
  GoTo dorthin
End If

Me.Filter = cfilter
Me.FilterOn = True
Dim FilterAnz As Double
FilterAnz = DCount("*", "KnowlegeBase", Me.Filter)

If FilterAnz = 0 Then
  FilterOn = False
End If
Me.OrderBy = "[Sachverhalt],[Thema]"
Me.OrderByOn = True

If FilterAnz > 0 Then
  Me.Filterstatus.Caption = "Filter an"
Else
  Me.Filterstatus.Caption = "Filter aus"
  MsgBox "Es wurden: " + str$(FilterAnz) + " Wissensartikel gefunden", _
  64, "Abfrage"
  GoTo dorthin
End If
MsgBox "Es wurden: " + str$(FilterAnz) + " Wissensartikel gefunden", 64, _
"Abfrage"
dorthin:
  Exit Sub
```

Es wird geprüft ob die Funktion gesperrt ist und keine Verschlagwortung vorliegt. In beiden Fällen wird abgebrochen. Die
Zwischenablage wird mit dem Wort „Leer" gefüllt. Undo wird
abgeschaltet und dann das Filterformular aufgerufen. Nach der
Rückkehr aus dem Filterformular wird die Zwischenablage aus-

gelesen. Enthällt sie das Wort „abbruch" wird der Filter ausgeschaltet und die Funktion abgebrochen. Andernfalls wird der Filter gesetzt und die Anzahl der gefilteren Datensätze ermittelt.
Ist diese Null wird der Filter abgeschaltet. Danach wird die Sor-
tierung auf Sachverhalt und darin auf Thema gesetzt. Ist die Anzahl gefiltereter Datensätze größer Null wir die Beschriftung
beim Filterbutton auf „Filter an" gesetzt, andernfalls auf „Filter
aus" und die Funktion abgebrochen. Zum Schluss wird die Anzahl der gefilterten Datensaätze angezeigt.

[F]

```
Me.FilterOn = False
Me.Filterstatus.Caption = "Filter aus"
```

Filter wird ausgeschaltet

[AZ]

Siehe Quelltext zu Kapitel 4.9

[Delete Item]

```
Dim anzahl As Long

Me.Refresh
If Not Me.FilterOn Then
   MsgBox "Kein Filter aktiv!", 64, "Hinweis"
   Exit Sub
End If

Me.Filter = "(" + Me.Filter + ") AND NOT ID=" + str(Me.ID)
Me.FilterOn = True

anzahl = DCount("*", "KnowlegeBase", Me.Filter)

If anzahl = 0 Then
   Me.FilterOn = False
```

```
     Me.Filterstatus.Caption = "Filter aus"
   Else
     MsgBox "In der Akte verbleiben: " + str(anzahl) + " Wissensartikel!", _
     64, "Hinweis"
   End If

   Weiter_machen:
     Exit Sub
```

Das Formular wird reorganisiert und es wird abgefragt ob kein
Filter aktiv ist. Ist dem so wird die Funktion abgebrochen. Ansonsten wird der aktuelle Datensatz aus dem Filter entfernt und
die Anzahl der verbleibenden Wissensartikel in dem Filter gezählt. Ist die Anzahl Null wird der Filter deaktiviert, andernfalls
die Anzahl der verbleibenden Wissensartikel angzeigt.

[Ctrl+4]

```
If Not verschlagwortung Then
   MsgBox "Bitte erst diesen Wissensartikel verschlagworten bzw. warten _
   Sie bis der aktuelle Prozess beendet ist.", 48, "Bedienung"
   Exit Sub
End If

Me.Filter = "Sachverhalt Like '" + Trim(Me.Sachverhalt) + "'"
Me.FilterOn = True

Dim FilterAnz As Double
FilterAnz = DCount("*", "KnowlegeBase", Me.Filter)

If FilterAnz = 0 Then
   FilterOn = False
End If
Me.OrderBy = "[Sachverhalt],[Thema]"
Me.OrderByOn = True
If FilterAnz > 0 Then
   Me.Filterstatus.Caption = "Filter an"
Else
   Me.Filterstatus.Caption = "Filter aus"
```

```
End If

MsgBox "Es wurden: " + str$(FilterAnz) + " Wissensartikel gefunden", 64, _
"Abfrage"
```

Es wird geprüft ob der Wissensartikel schon verschlagwortet ist.
Dann wird ein Filter auf den aktuellen Sachverhalt gesetzt. Wurde etwas gefunden wird die Beschriftung des Filteranschaltbut-
tons auf „Filter an" gesetzt. Zum Schluss wird eine Meldung mit
der Anzahl der gefundenen Datensätze ausgegeben.

Nach Datum filtern

Um nur die Wissensartikel für ein bestimmtes Datum oder einen
bestimmten Datumsbereich zusammen zu stellen klicken sie auf
den [D] Button neben dem [Filter] Button.

Geben Sie das Datum für den Beginn (inklusive) und das Ende
(inklusive) der Recherche ein. Wenn sie nur nach einem bestimmten Tag suchen ist das Beginn-Datum = dem Ende-Datum.
Zum Aufheben des Filters drücken Sie wieder oben den [F]-
Button.

Quelltext

[D]

```
Dim cEingabeDatum As String
Dim dBeginn As String
Dim dEnde As String
Dim cSachverhalt As String
Dim bSachverhalt As Boolean
If Me.Exodus Then
   MsgBox "Die Funktion ist gesperrt!", 48, "Hinweis"
   Exit Sub
End If
```

```
If Not verschlagwortung Then
  MsgBox "Bitte zuerst diesen Wissensartikel verschlagworten bzw. _
  warten Sie bis der aktuelle Prozess beendet ist.", 48, "Bedienung"
  Exit Sub
End If

If MsgBox("Soll in einem bestimmten Sachverhalt gesucht werden?", _
32 + 4, "Sachverhalt berücksichtigen") = 6 Then
  cSachverhalt = InputBox("Bitte geben Sie einen Sachverhalt ein!", _
  "Sachverhalt berücksichtigen")
  If IsNull(cSachverhalt) Or cSachverhalt = "" Then
    MsgBox "Keine Eingabe!"
    Exit Sub
  End If
  bSachverhalt = True
Else
  bSachverhalt = False
End If


cEingabeDatum = InputBox("Von wann soll der Filter beginnen?", _
"Beginn Datum")
If Not IsDate(cEingabeDatum) Then
  MsgBox "Dies ist kein gültiges Datum!!!", 16, "Fehler!"
  Exit Sub
End If
dBeginn = fcDatSQL(cEingabeDatum)

cEingabeDatum = InputBox("Von wann soll der Filter enden?", _
"Ende Datum")
If Not IsDate(cEingabeDatum) Then
  MsgBox "Dies ist kein gültiges Datum!!!", 16, "Fehler!"
  Exit Sub
End If

istUndoMoeglich = False
dEnde = fcDatSQL(cEingabeDatum)

If bSachverhalt Then
```

```vba
    Me.Filter = "[Erstellt] >= " + Trim(dBeginn) + " And [Erstellt] <= " _
    + Trim(dEnde) + " And [Sachverhalt] = '" + Trim(cSachverhalt) + "'"
Else
    Me.Filter = "[Erstellt] >= " + Trim(dBeginn) + " And [Erstellt] <= " +
    Trim(dEnde)
End If
Me.FilterOn = True
Me.Filterstatus.Caption = "Filter an"

Dim FilterAnz As Double
FilterAnz = DCount("*", "KnowlegeBase", Me.Filter)

If FilterAnz = 0 Then
    FilterOn = False
    Me.Filterstatus.Caption = "Filter aus"
    MsgBox "Es wurden: " + str$(FilterAnz) + " Wissensartikel gefunden", _
    64, "Abfrage"
    GoTo dahin
End If

MsgBox "Es wurden: " + str$(FilterAnz) + " Wissensartikel gefunden", _
64, "Abfrage"

dahin:
    Exit Sub
End Sub
Public Function fcDatSQL(vardatum As Variant) As String
    If IsDate(vardatum) Then
        fcDatSQL = Format(CDate(vardatum), "\#mm\/dd\/yyyy\#")
    End If
End Function
```

Es wird geprüft ob die Funktion gesperrt ist und ob keine Verschlagwortung aktiv ist. Ist in einem der beiden Fälle oder beiden
Fällen dem so wird die Funktion abgebrochen. Es wird abgefragt
ob nur in einem bestimmten Sachverhalt gesucht werden soll.
Dann wird der Datumsbereich, von – bis, abgefragt. Unmittelbar
nach Abfrage werden die beiden Daten für die Verwendung als
SQL-String formatiert. Undo wird abgeschaltet. Der Filter wird

gesetzt und die Anzahl der gefilteren Datensätze gezählt. Das Ergebnis wird dem Benutzer mitgeteilt.

Wildcards (Platzhalter)
Sowohl beim Suchen als auch beim Filtern können Sie Wildcards benutzen. Wildcards sind Platzhalter für Buchstaben oder Zeichenketten. Das "?" repräsentiert einen beliebigen Buchstaben. Das "*" Zeichen eine beliebig lange Zeichenkette. Mit Wildcards können sie somit eine Art „unscharfe" Suche formulieren. Wenn sie z.B. nicht wissen ob in der KnowledgeBase „München" oder „Muenchen" steht verwenden sie das Wildcard „M*nchen". Ein anderes Beispiel: Sie schreiben „*aut" in ihre Suche oder Recherche womit Datensätze mit den Worten „klaut", „Braut", „Haut", „schaut" usw., gefunden werden (weitere Platzhalter s. Anhang 6).

SQL-Abfrage

Für logisch anspruchsvollere Abfragen, als die reinen UND Verknüpfungen im Filter Formular, können sie den SQL-Generator nutzen. Sie starten den Generator mit dem Button [SQL] oder <Ctrl+Q>. SQL ist eine Datenbankabfragesprache, mit der sie beliebig komplizierte Abfragen formulieren können (s. Anhang 11).

Zur Formulierung einer SQL-Abfrage brauchen sie außerdem Namen und Felder der KnowledgeBase-Tabellen. Die entsprechenden Informationen finden sie auf Seite 17.

Für eine SQL-Abfrage auf der Tabelle <KnowlegeBase> die nur eine WHERE-Klausel hat, kann mit dem Button [Filter auf Auswahl] eine Akte zusammengestellt werden.

	Quelltext
[SQL]	

```
If Me.NWA Then
```

125

```
   clipboard.SetText ("Nichts")
   Call Aktualisieren
   If clipboard.GetText = "SpecialExitForSQL" Then
     Exit Sub
   End If
End If
clipboard.SetText ("")

Dim stADocName As String
Dim stLinkACriteria As String
stADocName = "SQLAbfrage"
DoCmd.OpenForm stADocName, , , stLinkACriteria, , acDialog

Dim cfilter As String
cfilter = clipboard.GetText
If clipboard.GetText = "abbruch" Then
   Me.FilterOn = False
   Me.Filterstatus.Caption = "Filter aus"
   MsgBox "Fuktion wurde abgebrochen!", 64, "Hinweis"
   GoTo dorthin
End If
Me.Filter = cfilter
Me.FilterOn = True
If DCount("*", "KnowlegeBase", Me.Filter) = 0 Then
   FilterOn = False
   MsgBox "Es wurden: " + str$(DCount("*", "KnowlegeBase", Me.Filter)) + _
   " Wissensartikel gefunden", 64, "Abfrage"
Else
   Me.Filterstatus.Caption = "Filter an"
   MsgBox "Es wurden: " + str$(DCount("*", "KnowlegeBase", Me.Filter)) + _
   " Wissensartikel gefunden", 64, "Abfrage"
End If
aufhoeren:
     Me.OrderBy = "[Sachverhalt],[Thema]"
     Me.OrderByOn = True
dorthin:
```

Es wird geprüft ob ein neuer Wissenartikel vorliegt und durch
die Funktion [Aktualisieren] ob dieser noch nicht verschlagwortet ist. Ist dem so, wird die Funktion abgebrochen.

Zunächst wird das Formular [SQLAbfrage] geöffnet. Darin wird durch eine WHERE-Klausel ein SQL String aufgebaut und beim verlassen in die Zwischenablage geschrieben bzw „abbruch" wenn nichts gemacht werden soll.

Im letzteren Fall wird der Filter auf <aus> gestellt, der Filterstatus auf „Filter aus" und die gesamte Funktion nach einer entsprechenden Meldung beendet.

Ansonsten wird ein Filter mit Me.Filter = cfilter gesetzt und aktiviert. Danach wird gezählt wieviel Datensaätze für den Filter vorhanden sind und die Anzahl in einer Meldung angezeigt. Wurden keine Datensätze gefunden wird der Filter wieder abgeschaltet. Zum Schluss wird die Ordnung der Datensätze wiederhergestellt.

Mail-Search und Computer durchsuchen
Falls Sie <Outlook> oder <Windows Live Mail> auf ihrem Computer installiert haben können Sie mit dem [MS] Button oben auch in ihren E-Mails nach Informationen suchen. Die gefundenen E-Mails werden dann im großen Fenster in der Mitte aufgelistet. Geben sie dazu in der kleinen Box rechts oben den gesuchten Text ein.

Wollen Sie alle E-Mails für den aktuellen Tag auflisten geben Sie in der Box ein: <art:=e-mail AND datum:=heute>

Für einen beliebigen Tag geben Sie das entsprechende Datum ein. Wenn sie auf eine der gefundenen E-Mails dopple-klicken wird diese dann in ihrem E-Mail Programm geöffnet.

Sie können mit dieser Funktion aber auch Inhalte auf ihrem Computer suchen. Geben Sie einfach einen zu suchenden Text ein.

[Funktion ohne Quelltext]

6.7 Sammlung

Wollen Sie Sachverhalte über das Gliederungsschema mit Sachverhalt und Thema hinaus weiter strukturieren haben Sie die Möglichkeit sich eine Sammlung anzulegen – [Samm]-Button. Eine Sammlung können sie sich vorstellen als einen Aktenschrank in dem sie Ordner ablegen. Hier wäre dann z.B. unser Thema <Zeitungsartikel> gut aufgehoben. Legen Sie einen Eintrag (Aktenschrank) mit dem Titel <Zeitungsartikel> an und ordnen Sie diesem Sachverhalte (Ordner) wie <Umweltkatastrophen> und z.B. <High Society Klatsch> zu. Bei Bedarf können Sie sich dann eine Liste mit allen Sachverhalten (Ordnern) für diesen Aktenschrank anzeigen lassen. Sie können so also mehrere Aktenschränke für unterschiedliche Themengebiete organisieren.

Eine Sammlung ist völlig unabhängig von der KnowledgeBase, weshalb auch keine Wissensartikel in der KnowledgeBase gelöscht werden, wenn eine Sammlung gelöscht wird (und kein Sachverhalt (Ordner) in der Sammlung, wenn dieser in der KnowledgeBase gelöscht wird). Eine Sammlung ist nur eine Art Notiz für Ihren persönlichen Überblick.

Mit dem Button [Akte aus Sammlung] im Sammlung-Formular werden in der KnowledgeBase nur noch Wissensartikel mit den Sachverhalten aus der aktuellen Sammlung angezeigt, sofern diese noch nicht in der KnowledgeBase gelöscht wurden.

Quelltext

[Samm]

```
Dim stDocName As String
Dim stLinkCriteria As String
DoCmd.OpenForm "Sammlung",,,,,, acDialog
```

```
If clipboard.GetText = "abbruch" Then
  Me.FilterOn = False
  Me.Filterstatus.Caption = "Filter aus"
  GoTo dorthin
End If

If Not verschlagwortung Then
  MsgBox "Bitte erst diesen Wissensartikel verschlagworten bzw. warten _
  Sie bis der aktuelle Prozess beendet ist.", 48, "Bedienung"
  Exit Sub
End If

If clipboard.GetText = "keinabbruch" Then
  GoTo dorthin
End If

Dim cfilter As String
cfilter = clipboard.GetText
Me.Filter = cfilter
Me.FilterOn = True
If DCount("*", "KnowlegeBase", Me.Filter) = 0 Then
  FilterOn = False
Else
  Me.Filterstatus.Caption = "Filter an"
  MsgBox "Es wurden: " + str$(DCount("*", "KnowlegeBase", Me.Filter)) + _
  "Wissensartikel gefunden", 64, "Abfrage"
End If
Me.OrderBy = "[Sachverhalt],[Thema]"
Me.OrderByOn = True
dorthin:
  Exit Sub
```

Falls die Zwischenablage das Wort „abbruch" enthält Filter ausschalten und Funktion abbrechen. Dann testen ob keine Verschlagwortung und ggf. abbrechen. Prüfen ob die Zwischenablage das Wort „keinabbruch" enthält und wenn ja Funktion abbrechen. Filter setzen. Sind keine gefilterten Daten vorhanden den
Filter ausschalten, andernfalls die Anzahl der gefilterten Datensätze ausgeben. Ordnung auf Schaverhalt und darin Thema setzen.

Zwischenbilanz II

Das Prinzip ist immer noch das Gleiche. Sie können Texte verwalten, sonst aber noch nichts. Dennoch läßt es sich mit diesem erweiterten DMS wesentlich komfortabler arbeiten. Sachverhalte und Themen können nun übersichtlich eingegeben und verwaltet werden. Dazu haben sie die Möglichkeit Sammlungen (Aktenschränke) anzulegen. Datensätze lassen sich durch ihr Erstellungsdatum, Namen des Autors und einer Abteilung weiter strukturieren. Der Umgang mit Wissensartikel wird durch die Möglichkeit Notizen anzulegen, Lesezeichen, einer Undo Funktion, die Abfrage der KnowledgeBase Größe sowie die Anzahl der erfassten Wissensartikel, einem Taschenrechner und einer Googlesuche für markierten Text wesentlich vereinfacht. Es kann nun das Erstellen einer Akte erfolgen und zwar durch einen Filter, einer SQL-Abfrage oder einem Datumsbereich. Wenn sie dieses DMS selbst nutzen möchten kopieren Sie zunächst den kompletten Ordner <\UserBase2\> ins Wurzelverzeichnis C:\ auf dem Computer auf dem es sich aktuell befindet (s.a. Seite 16). Öffnen Sie dann das DMS in diesem Ordner in dem sie auf **<KnowledgeUser>** doppelklicken und dann im geöffneten DMS auf den [VB] Button klicken (s.a. 13.1). Nun können sie das DMS verwenden.

Für die Nutzung auf einem anderen Computer kopieren sie den eben ins Wurzelverzeichnis C:\ kopierten Ordner <UserBase2> und nach seiner Aktivierung mit [VB] ins Wurzelverzeichnis C:\ auf dem anderen Computer. Dort sollte sich das DMS nun starten lassen (die **Access Runtime** muss ggf. vorher auf dem anderen Computer installiert worden sein)

7. Dokumente

7.1 Dokument scannen

Legen sie ein Dokument in Ihren Scanner und klicken Sie auf den Button [Dok scannen]. Entscheiden Sie sich dann ob ein einseitiges oder ein mehrseitiges Dokument gescannt werden soll Hierauf kann das Dokument eingescannt werden und wird nach Abschluss automatisch dem Wissensartikel zugeordnet (im Scanner-Dialog sollte <Dokument-Graustufen> eingestellt sein). Sie sehen dies wenn sie fertig sind am Häkchen links oben vor <Dokument/Bild>. Fahren sie fort, bis alle Seiten eingescannt wurden. Links in der Gruppe bei <MS> wird die Anzahl der eingescannten Seiten angezeigt (s.a. Anhang 4 – schnelles einscannen von Dokumenten mit der KBMain).

Wollen Sie eine beliebige Seite eines mehrseitigen Dokuments kopieren um sie z.B. in ein Word Dokument einzufügen, verwenden Sie unten den Button [Zwischenablage].

HINWEIS: Möglicherweise wird der Scannerdialog hinter der Access-Runtime Oberfläche geöffnet. Minimieren sie in diesem Fall die komplette Accessumgebung! (s.a. Anhang 12)

Es können nur einzelne Blätter – für mehrseitige Dokumente nacheinander - und keine Papier-Stapel eingescannt werden (also nur Flachbettscanner möglich!).

Quelltext
[Dok. scannen]

```
Dim objCommonDialog As WIA.CommonDialog
Dim objImage As WIA.ImageFile

If Me.Dokument Then
    If MsgBox("Soll das aktuelle Dokuemnt überschrieben werden?", _
```

```vba
  32 + 4, "Dokument scannen") = vbYes Then
     Kill (CurrentProject.path + "\Dokumente\Doku" + Trim$(str$(Me.ID)) _
     + ".tif")
     Me.Dokument = False
  Else
    Exit Sub
  End If
End If

Set objCommonDialog = New WIA.CommonDialog
Set objImage = objCommonDialog.ShowAcquireImage

If Not objImage Is Nothing Then
  objImage.SaveFile CurrentProject.path + "\Dokumente\Doku" _
  + Trim$(str$(Me.ID)) + ".tif"
  Me.Dokument = True
  Set objImage = Nothing
End If

Set objCommonDialog = Nothing

Dim herkunft, ziel As String
herkunft = CurrentProject.path + "\Dokumente\Doku" + Trim$(str$(Me.ID)) _
+ ".tif"
ziel = CurrentProject.path + "\Dokumente\DokuTemp" + Trim$(str$(Me.ID)) _
+ ".tif"

Call CopyFile(herkunft, ziel)
Call Kill(herkunft)
Call BilderInFormat(ziel, CurrentProject.path + "\Dokumente\Doku" _
+ Trim$(str$(Me.ID)) + ".tif", TIFF)
Call Kill(ziel)

MsgBox "Das Dokument wurde gescannt!"
```

Prüfen ob ein Dokument vorhanden ist. Wenn ja, nachfragen ob es überschrieben werden soll. Soll es überschrieben werden, das Dokument löschen und Me.Dokument = False setzen. Mit dem WIA-Scanner Dialog das neue Dokument scannen. Falls etwas gescannt wurde das Dokument speichern und Me.Dokument = True setzen. Zum Schluss das Dokument in das richtige Tif-Format bringen und Vollzugsmeldung ausgeben (in den Beispieldatenbankanwendungen können keine mehrseitigen Dokumente gescant werden).

7.2 Bilder/Office-Dokumente zuordnen

Mit dem [Bild] Button können auch <jpg>, <gif> und <tif> Bilder einem Datensatz zugeordnet werden. Ein <tif> Bild ist dasselbe wie ein gescanntes Dokument. Wählen Sie im darauf folgenden Dateidialog dann das Bild aus. Außerdem können mit dem [Bild] Button Word (doc), Excel (xls) und PDF Dateien einem Datensatz zugeordnet werden. Entsprechende Häkchen finden sie dann links oben.

HINWEIS: Wenn sie zuerst ein Office-Dokument zuordnen, können sie danach zusätzlich noch ein Papierdokument einscannen – umgekehrt funktioniert das nicht.

Ein bereits vorhandenes Word oder Excel Dokument kann aus Office heraus mit dem PDF-Creator (als Drucker wählen) auch in ein Tiff-Bild gedruckt werden und dann einem Wissensartikel noch einmal als Bild zugeordnet werden. Auf diese Weise kann es später als Dokument in einer Akte verwendet werden (s. 8.3). (Wählen sie dazu im Speichern Dialog des PDF-Creators den Dateityp <tif>)

Quelltext

[Bild]

```
xanz = False
Check = True
Call Befehl85_Click
Check = False

Dim fd As New FileDialog
Dim dateiname As String
Dim pos As Long
```

```
Dim endung As String
Dim Pfad As String
Dim quelle As String
Dim ziel As String
Dim w As String

w = Me.Recordset("ID").Value

If Not verschlagwortung Then
    MsgBox "Ein neues Office-Dokument kann nicht zugeordnet werden, _
    wenn ein neuer Wissensartikel noch nicht verschlagwortet wurde bzw. _
    warten Sie bis der aktuelle Prozess beendet ist.", 48, "Bedienung"
        Exit Sub
End If

If Sachverhalt.Value = "Neuer Sachverhalt" Or Thema.Value = _
"Neues Thema" Then
    MsgBox "Bitte erst den Datensatz verschlagworten", 16, "Bedienung"
        Exit Sub
End If

Do
    dateiname = fd.ShowOpen
    If dateiname = "" Then Exit Sub
        pos = InStr(1, dateiname, ".")
        endung = Mid$(dateiname, pos + 1, 3)
        If Not (endung = "tif" Or endung = "jpg" Or endung = "gif" Or _
        endung = "doc" Or endung = "xls" Or endung = "pdf") Then
            MsgBox "Es können nur Word-Dokumente (doc) oder Exel-Sheets _
            (xls) PDF-Dateien oder Bilddateien (tif),(jpg) und (gif) geladen _
            werden", 48, "Fehler"
        End If
Loop While Not (endung = "tif" Or endung = "jpg" Or endung = "gif" Or _
endung = "doc" Or endung = "xls" Or endung = "pdf")
```

Verschlagwortung abfragen und prüfen auf die reservierten Namen „Neuer Sachverhalt" und „Neues Thema". Dateiauswahldialog solange anbieten bis das richtige Dateiformat geladen wurde.

```
If endung = "tif" Then
```

```
  Kill (CurrentProject.path + "\Dokumente\Temp\*.tif")
  Call BilderInFormat(dateiname, CurrentProject.path _
  + "\Dokumente\Temp\BildX02.tif", TIFF)
   endung = "tiff"
   dateiname = CurrentProject.path + "\Dokumente\Temp\BildX02.tiff"
   Me.Bild = True
End If
If endung = "jpg" Then
  Kill (CurrentProject.path + "\Dokumente\Temp\*.tif")
  Call BilderInFormat(dateiname, CurrentProject.path _
  + "\Dokumente\Temp\BildX02.tif", TIFF)
   endung = "tiff"
   dateiname = CurrentProject.path + "\Dokumente\Temp\BildX02.tiff"
   Me.Bild = True
End If
If endung = "gif" Then
  Kill (CurrentProject.path + "\Dokumente\Temp\*.tif")
  Call BilderInFormat(dateiname, CurrentProject.path _
  + "\Dokumente\Temp\BildX02.tif", TIFF)
   endung = "tiff"
   dateiname = CurrentProject.path + "\Dokumente\Temp\BildX02.tiff"
   Me.Bild = True
End If
```

Prüfen welches Dateiformat geladen wurde und umwandeln in das richtige temporäre Tiff Format.

```
If Dokument Then
  If MsgBox("Soll das aktuelle Dokument überschrieben werden?", _
  32 + 4, "Aktion") = vbNo Then
    Exit Sub
  End If
  If Not MultiTiff.Value Then
    If MsgBox("Wollen Sie das Dokument wirklich löschen?", 32 + 4, _
    "Aktion") = vbYes Then
      If Me.Bild Then
        Kill (CurrentProject.path & "\Dokumente\Doku" & Trim$(str$(w)) _
        & ".tif")
      Else
        Kill (CurrentProject.path & "\Dokumente\Doku" & Trim$(str$(w)) _
```

```
          & ".tiff")
        End If
        If Me.Stempel Then
          Kill (CurrentProject.path & "\Dokumente\Stempel\Stempel" _
          & Trim$(w) & ".jpg")
          Me.Stempel = False
        End If
        Me.Dokument = False
      Else
        Exit Sub
      End If
    Else
      'Multitiff Behandlung
    End If
End If
```

Püfen ob ein Dokument vorhanden ist. Wenn ja, nachfragen ob
es überschrieben werden soll. Wenn nein, Funktion abbrechen.
Für den Fall, dass das vorhandene Dokument einseitig ist nachfragen ob es gelöscht werden soll. Wenn ja, das Dokument löschen. HINWEIS: Es werden hier zwei Formate unterschieden.
Einmal das „tif" Format für zugeordnete Bilder und einmal das
„tiff" Format für eingescante Dokumente. Einen eventuell vorhandenen Stempel ebenfalls löschen.

```
If Me.Word Then
  If MsgBox("Soll das aktuelle Word-Dokument überschrieben werden?", _
  32 + 4, "Aktion") = vbNo Then
    Exit Sub
  End If
  Kill (CurrentProject.path & "\Dokumente\Doku" & Recordset("ID").Value _
  & ".doc")
  Me.Word = False
Else
  If Me.Exel Then
    If MsgBox("Soll das aktuelle Exel-Sheet überschrieben werden?", _
    32 + 4, "Aktion") = vbNo Then
      Exit Sub
    End If
```

```
      Kill (CurrentProject.path & "\Dokumente\Doku" & _
      Recordset("ID").Value & ".xls")
      Me.Exel = False
  Else
    If Me.PDF Then
      If MsgBox("Soll das aktuelle PDF überschrieben werden?", 32 + 4, _
      "Aktion") = vbNo Then
        Exit Sub
      End If
      Kill (CurrentProject.path & "\Dokumente\Doku" & _
      Recordset("ID").Value & ".pdf")
      Me.PDF = False
    End If
  End If
End If
```

Prüfen ob ein Word, Exel oder PDF-Datei zugeordnet ist und diese gegebenenfalls löschen.

```
If endung = "doc" Then
  Me.Word = True
Else
  If endung = "xls" Then
    Me.Exel = True
  Else
    If endung = "pdf" Then
      Me.PDF = True
    End If
  End If
End If
```

Checkboxes für das Dateiformat setzen.

```
If Me.Word Then
  Pfad = CurrentProject.path & "\Dokumente\Doku" _
  & Trim$(str$(Recordset("ID").Value)) & ".doc"
Else
  If Me.Exel Then
    Pfad = CurrentProject.path & "\Dokumente\Doku" _
    & Trim$(str$(Recordset("ID").Value)) & ".xls"
```

```
    Else
      If Me.PDF Then
        Pfad = CurrentProject.path & "\Dokumente\Doku" _
        & Trim$(str$(Recordset("ID").Value)) & ".pdf"
      Else
        Pfad = CurrentProject.path & "\Dokumente\Doku" _
        & Trim$(str$(Recordset("ID").Value)) & ".tif"
      End If
    End If
  End If
  Call CopyFile(dateiname, Pfad)
  If Not Me.Word And Not Me.Exel And Not Me.PDF Then
    Dokument.Value = True
  End If
```

Prüfen ob ein Word, Exel, PDF oder Tif-Bild zugeordnet werden soll und dieses dann zuordnen. Im Falle eines Tif-Bildes Dokument.Value = True setzen.

```
Sleep 100
Call aktualisieren
MsgBox "Office Dokument wurde zugefügt", 64, "Vollzugsmeldung"
```

Kurz Pausieren, alles aktualisieren und eine Vollzugsmeldung ausgeben.

7.3 Ordnung von Dokumenten

Alle Themen (Dokumente) innerhalb eines Sachverhaltes (Ordner) sind in streng alphabetischer Reihenfolge abgelegt.

[Funktion ohne Quelltext]

7.4 Dokument o. Office-Dokument/Bild anzeigen[1]

Klicken sie auf den Button [Dok anzeigen]. Sie sehen nun das Dokument .HINWEIS: lesen sie hierzu bitte zunächst Anhang 9.

Mit den blauen Pfeiltasten können Sie in mehrseitigen Dokumenten blättern. Office-Dokumente werden direkt in Word, Exel oder dem PDF-Reader angezeigt. Office-Dokumente werden hiermit nicht angezeigt wenn gleichzeitig gescannte Dokumente oder Bilder vorhanden sind. In diesem Fall können Sie das Office Dokument mit dem Button [Office Dokumente] oder [Ctrl+M] anzeigen. Eine Vorschau auf ein Dokument erhalten sie durch Klick auf das kleine Fenster rechts neben dem Beschreibungsfeld. Die Vorschau lässt sich auch dauerhaft durch den [B] Button links oben einschalten (Häkchen) und wieder ausschalten.
Durch einen Doppel-Klick in das Vorschaufeld rechts wird eine etwas größere Vorschau geöffnet. [1] s. Anhang 9!

Quelltext

[Dok. anzeigen]

```
Dim wert_Office As String
Dim pfad_Office As String
Dim datei_Office As String
Dim file_Office As String

wert_Office = Recordset("ID").Value
pfad_Office = CurrentProject.path

If Me.Word Then
    datei_Office = "\Dokumente\Doku" & Trim$(wert_Office) & ".doc"
    file_Office = pfad_Office & datei_Office
    Call OpenPDF(file_Office)
Else
    If Me.Exel Then
        datei_Office = "\Dokumente\Doku" & Trim$(wert_Office) & ".xls"
        file_Office = pfad_Office & datei_Office
        Call OpenPDF(file_Office)
    Else
        If Me.PDF Then
            datei_Office = "\Dokumente\Doku" & Trim$(wert_Office) & ".pdf"
            file_Office = pfad_Office & datei_Office
            Call OpenPDF(file_Office)
```

```
      End If
   Else
      MsgBox "Kein Dokument für diesen Datensatz vorhanden", 64, _
      "Hinweis"
   End If
  End If
End If
```

Es wird geprüft ob dem Datensatz eine Word, Exel oder PDF Datei zugeordnet ist und diese dann in den für dieses Format vorgesehenen Programmen geöffnet (s. Anhang 9). Ist kein Dokument vorhanden wird eine entsprechende Meldung ausgegeben.

7.5 Dokument/Bild löschen

Durch Klick auf den Button [Dok löschen] wird ein einem Wissensartikel zugeordnetes Dokument oder Bild gelöscht. Das Häkchen wird entfernt.

Siehe Quelltext zu Kapitel 5.4

7.6 Office-Dokument löschen

Ein Office-Dokument löschen sie durch betätigen der Tastenkombination [Ctrl+L]. Die Tastenkombination wird auch verwendet um beliebige andere Dateien zu löschen. Existiert für den aktiven Wissensartikel eine Office-Datei wird diese gelöscht, existiert dagegen keine Office-Datei kann mit der Funktion eine beliebige andere Datei auf dem Computer gelöscht werden. Das Umstellen erfolgt automatisch.

Siehe Quelltext zu Kapitel 5.4

7.7 Dokument stempeln

Mit dem [Stem] Button geben sie ihrem Dokument eine Nummer. Dieser so genannte Stempel ist wichtig für den Fall dass sie irgendwann einmal eine Akte zusammenstellen und ausdrucken wollen (s.a. 8.2). Mit einem Stempel wird dem Dokument die <ID> des zugeordneten Wissensartikels aufgedruckt und es kann so nach dem Ausdruck leicht wieder einem Wissensartikel zugeordnet werden. Links in der Gruppe erhält der Wissensartikel ein Häkchen bei <Stpl>. Mit doppel-klick auf diese Häkchen-Box können sie nach einer Abfrage alle Stempel entfernen.

Quelltext
[Dok. stempeln]

```
If Dokument Then
    Dim Pfad As String
    Dim Datei As String
    Dim file As String
    Dim Stempel As String
    Dim stDocName As String
    Dim stLinkCriteria As String
    Dim aktion As String

    Pfad = CurrentProject.path
    Datei = "\Dokumente\Doku" & Trim$(str$(Me.ID)) & ".tif"
    file = Pfad & Datei
    Stempel = "Dokument" & Trim$(str$(Me.ID))

    ChDir (Masterpfad)

    Dim mJavaStart As String

    Open CurrentProject.path + "\JavaTest.txt" For Input As #1
    Input #1, mJavaStart
    Close #1

    If mJavaStart = "nicht-getestet" Then
```

```
If MsgBox("Für diese Funktion ist Java erforderlich. Im folgenden _
wird Java installiert. Sie können die Installation auch unterbinden _
und Java mit der Tastenkombination <Ctrl+J> später installieren, _
das Stempeln funktioniert dann im Moment allerdings nicht. Soll _
Java jetzt installiert werden?", 32 + 4, "Java Installation") = vbYes Then
    MsgBox „Diese Funktion wird nicht mehr unterstützt"
    Exit Sub
    MsgBox "Es wird nun einmalig die Java-Installtion gestartet." _
    + vbNewLine + "Sollte Ihnen dabei mitgeteilt werden, dass Java _
    (in dieser Version) bereits" + vbNewLine + "installiert ist, können sie
    die Java-Installation abbrechen." + vbNewLine + "Beim nächsten _
    Stempeln erfolgt keine Abfrage für die Java-Installation mehr!"
    Open CurrentProject.path + "\JavaTest.txt" For Output As #1
    Print #1, "java-getestet"
    Close #1
    Exit Sub
Else
    MsgBox "Funktion wird abgebrochen", 16, "Fehler"
    Exit Sub
End If
End If


If Not Me.MultiTiff Then
    If Not Me.Stempel Then
        If Me.Bild Then
            Call BilderInFormat(CurrentProject.path + "\Dokumente\Doku" _
            + Trim$(str$(Me.ID)) + ".tif", CurrentProject.path _
            + "\Dokumente\Temp\Doku" + Trim$(str$(Me.ID)) + ".jpg", JPEG)
        Else
            Call BilderInFormat(CurrentProject.path + "\Dokumente\Doku" _
            + Trim$(str$(Me.ID)) + ".tiff", CurrentProject.path _
            + "\Dokumente\Temp\Doku" + Trim$(str$(Me.ID)) + ".jpg", JPEG)
        End If
        Open CurrentProject.path + "\JWasserzeichen\Stempel.bat" For _
        Output As #1
        Print #1, Left$(CurrentProject.path, 2)
        Print #1, "cd " + CurrentProject.path + "\JWasserzeichen\"
        Print #1, CurrentProject.path + "\Java\bin\java MyImgShow " + _
        CurrentProject.path + "\Dokumente\Temp\Doku" _
        + Trim$(str$(Me.ID)) + ".jpeg" + " " + CurrentProject.path _
```

```
            + "\Dokumente\Stempel\" + " " + Trim$(str$(Me.ID))
            Close #1

            aktion = CurrentProject.path + "\JWasserzeichen\Stempel.bat"
            ShellWait aktion, False

            Kill (CurrentProject.path & "\Dokumente\Temp\Doku" _
            + Trim$(str$(Me.ID)) + ".jpeg")

            Me.Stempel = True

            If Not clipboard.GetText = "Stapelverarbeitung" Then
                MsgBox "Das Dokument wurde mit einem Stempel versehen", _
                64, "Vollzugsmeldung"
            End If
        Else
            MsgBox "Das Dokument hat bereits einen Stempel", 64, "Hinweis"
            Exit Sub
        End If
    Else
        'MultiTiff Behandlung
    End If
    Exit Sub
Else
    clipboard.Clear
    clipboard.SetText ("")
    MsgBox "Kein Dokument für diesen Datensatz vorhanden", 64, "Hinweis"
End If
```

Handelt es sich um ein Dokument, das aktuelle Verzeichnis auf das Installtionsverzeichnis setzen und prüfen ob <Java> installiert ist. Falls nein die Möglichkeit <Java> zu installieren zur Verfügung stellen (nicht mehr unterstützt). Ist das Dokument einseitig und hat keinen Stempel prüfen ob ein Bild oder Dokument vorliegt und dieses jeweils in das jpg-Format umwandeln. Anschließend das Batch-File schreiben welches die Stempelung vornehmen soll und dieses dann zur Ausführung starten. Zum Schluß Me.Stempel = True setzen und eine Vollzugsmeldung ausgeben.

7.8 Dokument in Text umwandeln

Vorgehen falls Sie die TextBridge-Software verwenden:

Erstmalige Verwendung von TextBridge 11 Pro: Starten Sie von einem Wissensartikel dem ein Dokument zugeordnet ist das OCR-Programm mit dem [OCR] Button. Ist die Sprache Englisch öffnen Sie [Tools->Options->Process->User Interface Language->German->OK] Öffnen sie dann das Menü [Extras->Optionen->Alle->Reiter Prüfung->Einstellungen] und entfernen sie das Häkchen bei [nach der Erkennung Ergebnisse automatisch prüfen]. Öffnen sie nun [3. Ergebnisse exportieren] und aktivieren [In Zwischenablage kopieren]. Klicken Sie auf [AutoOCR]

Text mit TextBridge umwandeln: Mit dem [OCR] Button wird die TextBridge aktiviert. Diese macht aus dem Bild eines Dokumentes einen maschinenlesbaren Text. Drücken Sie dazu in dem aufgehenden TextBridge OCR-Programm den [Beenden] Button und [Bestehende Seiten fertig stellen]. Verlassen Sie das Programm nach der Verarbeitung (Text nicht speichern!!!). Den konvertierten Text können Sie dann mit dem [Einfügen]-Button in das Quelltextfeld (vorher anklicken) übernehmen.

Bereiche in TextBridge scannen: Wenn sie nicht den gesamten Text umwandeln wollen markieren sie einen Bereich – durch drücken der linken Maustaste und aufziehen eines Rechtecks mit gedrückt gehaltener Maustaste. Klicken Sie dann [Beenden] bzw. [Weiter], wenn vorher schon ein Bereich gescannt wurde, und anschließend [Alle Seiten erneut verarbeiten] und dann [Nur aktuelle Bereiche verwenden]. Beenden Sie dann die TextBridge-Software wie oben beschrieben.

HINWEIS: Bei der Einstellung <automatisch> für die Textumwandlung (s. Kapitel 1.8) wird der Text nach der Umwandlung in der Textverarbeitung angezeigt

Quelltext
[OCR]

```
Dim speicher As String
Dim ocrpfad As String
Dim ocrdatei As String
Dim s As String
Dim i As Long
```

```vba
If Not verschlagwortung Then
    MsgBox "Bitte erst diesen Wissensartikel verschlagworten bzw. warten _
    Sie bis der aktuelle Prozess beendet ist.", 48, "Bedienung"
    Exit Sub
End If

speicher = clipboard.GetText

If Not Dokument Then
    clipboard.Clear
    clipboard.SetText ("")
    MsgBox "Kein Dokument für diesen Datensatz vorhanden", 64, "Hinweis"
    Exit Sub
Else
    Dim mOcrStart As String

    Open CurrentProject.path + "\Ocr.txt" For Input As #1
    Input #1, mOcrStart
    Close #1

    clipboard.Clear
    clipboard.SetText (Recordset("ID").Value)

    Dim wert As String
    Dim Pfad As String
    Dim Datei As String
    Dim file As String

    wert = Trim$(str$(Me.ID))
    Pfad = CurrentProject.path
    Datei = "\Dokumente\Doku" & wert & ".tif"
    ocrdatei = "Doku" & wert & ".tif"
    If Me.Bild Then
        ocrdatei = "Doku" & wert & ".tif"
    Else
        ocrdatei = "Doku" & wert & ".tiff"
    End If

    file = Pfad & Datei
```

```vba
If FileExist(CurrentProject.path + "\OCR-Ergebnis\Doku" & _
wert & ".txt") Then
   If Not MsgBox("Es liegen bereits OCR-Informationen vor - sollen _
   diese überschrieben werden?", 32 + 4, "Dokument scannen") = _
   vbNo Then
       Kill (CurrentProject.path + "\OCR-Ergebnis\Doku" & wert & ".txt")
   Else
       Exit Sub
   End If
End If
If Me.Bild Then
   ocrpfad = CurrentProject.path + "\Dokumente\Doku" & wert & ".tif"
Else
   ocrpfad = CurrentProject.path + "\Dokumente\Doku" & wert & ".tiff"
End If

Dim aktion As String
If Not mOcrStart = "automatisch" Then
   Call Shell(CurrentProject.path + mOcrStart + " " + ocrpfad)
Else
   Open CurrentProject.path + "\Tesseract-OCR\OCR.bat" For Output _
   As #1
   Print #1, "@echo off"
   Print #1, "xcopy " + ocrpfad + " " + CurrentProject.path + _
   "\Tesseract-OCR" + " /E /Y /I"
   Print #1, "cd " + CurrentProject.path + "\Tesseract-OCR"
   Print #1, "tesseract " + ocrdatei + " ausgabe -l deu"
   Print #1, "del " + ocrdatei
   Close #1
   aktion = CurrentProject.path + "\Tesseract-OCR\OCR.bat"
   ShellWait aktion, False
   MsgBox "OCR beendet - das Ergenis wird nun in der _
   Textverarbeitung angezeigt", 64, "Aktion"
   Me.Ocr = True
   Dim sho
   Set sho = CreateObject("wscript.shell")
   sho.exec ("%SystemRoot%\system32\notepad.exe " + CurrentPro-
ject.path + "\Tesseract-OCR\ausgabe.txt")
   End If
End If
```

Auf Verschlagwortung prüfen. Handelt es sich um keine Dokument die Funktion abbrechen. Andernfalls prüfen ob schon OCR-Informationen vorliegen und wenn ja nachfragen ob diese überschrieben werden sollen. In diesem Fall den OCR-Text löschen.
Wenn das interne OCR-Programm genutzt werden soll das Batch-File zur Abarbeitung schreiben und anschließend aufrufen. Zum Schluss Vollzugsmeldung ausgeben und OCR-Text im Editior anzeigen.

Alle Dokumente in Text umwandeln

Mit Doppel-Klick auf das Quelltextfeld werden nach einer Abfrage alle Dokumente die noch nicht umgewandelt wurden (kein Häkchen neben dem [OCR] Button) automatisch umgewandelt und im Quelltextfeld gespeichert. An dem roten Fortschrittsbalken in der Mitte ist zu sehen wie weit die Abarbeitung vorangeschritten ist.

[Funktion ohne Quelltext]

8. Akte

8.1 Akte drucken

Wenn sie in der Recherche eine Akte zusammengestellt haben, kann diese mit dem [Akte] Button gedruckt werden – alle Dokumente müssen gestempelt sein (s.a. 8.2)! Zuerst werden die Wissensartikel gedruckt. Dann wird die Textverarbeitung mit einem Deckblatt für die Akte geöffnet, das sie manuell ausdrucken oder mit der Textverarbeitung schließen können. Zum Schluss werden die original Dokumente ausgedruckt. Die Dokumente lassen sich dann durch ihren Stempel ihrem Wissensartikel zuordnen.

```
Dim stDocName As String
Dim sp As DAO.Recordset
Dim z As Integer
Dim drucker As String

Set ws = DBEngine.Workspaces(0)
Set db = CurrentDb()

If Not Me.FilterOn Then
    MsgBox "Zur Zeit ist keine Akte zusammen gestellt!", 48, "Hinweis"
    Exit Sub
End If
verschlagwortung = False

MsgBox "Die Wissensartikel werden nun gedruckt.", 64, "Aktion"
stDocName = "Akte"
DoCmd.OpenReport stDocName, acViewNormal, , Me.Filter
```

Mit DoCmd.OpenReport werden die Wissensartikel ausgedruckt. Es handelt sich dabei um einen einfachen Access-Bericht.

Danach werden alle Wissensartikel für den Aktiven Filter geladen und nach einer Abfrage ob die Dokumente gedruckt werden sollen und der Drucker bereit ist ausgedruckt.

149

```
Set sp = db.OpenRecordset("Select * from KnowlegeBase where " + Me.Filter)

If MsgBox("Sollen  - falls vorhanden - jetzt die orginal Dokumente ausgedruckt
werden?", 32 + 4, "Aktion") = vbYes Then
  If MsgBox("Ist der Drucker eingeschaltet und Papier eingelegt", 32 + 4, _
  "Frage") = vbNo Then
    Exit Sub
  End If


  z = 1
  sp.MoveFirst
  aktex% = 1


  While Not sp.EOF
    If sp!Dokument And sp!Stempel Then
      z = z + 1
      ReDim Preserve DokumentAkte(1 To aktex%)
      DokumentAkte(aktex%) = str$(sp!ID)
      ReDim Preserve Mehrseiten(1 To aktex%)
      ReDim Preserve Seitenzahl(1 To aktex%)
      If sp!MultiTiff Then

      Else
        Mehrseiten(aktex%) = False
        Seitenzahl(aktex%) = 1
      End If
      aktex% = aktex% + 1
    End If
    sp.MoveNext
  Wend
```

Zunächst werden hierfür in einer While-Schleife die Arrays zum
späteren ausdrucken aufgebaut.

```
If aktex% > 1 Then
  z = 1
  PGTop.BackColor = vbRed
  DoEvents
  Dim faktor As Integer
  faktor = Me.PGTop.Width / aktex%
```

150

```
Dim X As Integer
Dim zahl As String
Dim nullen As String
Dim ret As Long

Call OrdnerLoeschen(CurrentProject.path + "\Dokumente\Temp")
Open CurrentProject.path + "\Drucken.txt" For Output As #1

While z < aktex%
  Me.PGTop.Width = faktor * z
  Me.PGTop.BackColor = vbRed
  Me.Repaint
  DoEvents

  If Mehrseiten(z) Then

  Else
    Call BilderInFormat(CurrentProject.path _
    & "\Dokumente\Stempel\Stempel" & Trim$(DokumentAkte(z)) _
    & ".jpg", CurrentProject.path + "\Dokumente\Temp\Doku" _
    + Trim$(DokumentAkte(z)) + ".bmp", BMP)
    Print #1, CurrentProject.path + "\Dokumente\Temp\Doku" _
    + Trim$(DokumentAkte(z)) + ".bmp"
    z = z + 1
  End If
Wend
Close #1

Call Shell(CurrentProject.path + "\Drucken.exe " + CurrentProject.path _
+ "\Drucken.txt")
```

Nun wird ebenfalls wieder in einer While-Schleife eine Liste mit
den zu druckenden Dateien erzeugt und diese dann zum Ausdrucken an die <Drucken.exe> übergeben. Die zu druckenden Dokumente werden dabei in dem Ordner <Tmp> zwischengespei-
chert.

```
Me.PGTop.Width = faktor * z
Me.PGTop.BackColor = vbRed
Me.Repaint
```

```
DoEvents
z = 1
Open CurrentProject.path + "\Akte\Deckblatt.txt" For Output As #1
Print #1, "KnowledgeBase Akte vom " + str$(Date)
Print #1, ""
Print #1, "Deckblatt"
Print #1, "*****************************************"
Print #1, ""
While z < aktex%
  If Mehrseiten(z) Then
     Print #1, "Seite: " & str$(z) & "   Dokument: " & DokumentAkte(z) _
     & "  (mehrseitig: " & str$(Seitenzahl(z)) & " Schriftstücke)"
  Else
     Print #1, "Seite: " & str$(z) & "   Dokument: " & DokumentAkte(z)
  End If
  z = z + 1
Wend

Close #1

Me.PGTop.BackColor = vbGreen
Me.Repaint
DoEvents

Dim sho
Set sho = CreateObject("wscript.shell")
sho.exec ("%SystemRoot%\system32\notepad.exe " + _
CurrentProject.path + "\Akte\Deckblatt.txt")
```

Genauso wird das Deckblatt in einer While-Schleife erzeugt und am
Ende zum ausdrucken angezeigt.

```
Else
   MsgBox "Keine Daten zum Drucken verfügbar!", 64, "Fehler".
 End If
End If

verschlagwortung = True
```

War die Akte leer wird eine entsprechende Meldung ausgegeben.

8.2 Akte automatisch stempeln

Wollen sie vor dem Drucken sicherstellen, das alle Dokumente für die zusammengestellte Akte tatsächlich auch gestempelt sind drücken sie den [Stempel] Button neben dem [Akte] Button. Es werden nun alle zur Akte gehörenden Dokumente geprüft und falls noch nicht geschehen automatisch gestempelt (s. a. 7.7). Mit doppelklick auf die Stempel-Häkchen-Box links können sie nach einer Abfrage alle Stempel entfernen.

```
Dim stDocName As String
Dim Pfad As String
Dim Datei As String
Dim file As String
Dim Stempel As String
Pfad = CurrentProject.path
Dim sp As DAO.Recordset
Dim z As Integer
Dim aktion As String
Dim alteBreite As Double

Set ws = DBEngine.Workspaces(0)
Set db = CurrentDb()

If Not Me.FilterOn Then
    MsgBox "Zur Zeit ist keine Akte zusammen gestellt!", 64, "Hinweis"
    Exit Sub
End If

Dim mJavaStart As String

Open CurrentProject.path + "\JavaTest.txt" For Input As #1
Input #1, mJavaStart
Close #1

If mJavaStart = "nicht-getestet" Then
    If MsgBox("Für diese Funktion ist Java erforderlich. Im folgenden wird _
    Java installiert. Sie können die Installation auch unterbinden und Java _
    mit der Tastenkombination <Ctrl+J> später installieren, das Stempeln _
```

```vba
funktioniert dann im Moment allerdings nicht. Soll Java jetzt installiert _
werden?", 32 + 4, "Java Installation") = vbYes Then
  MsgBox "Es wird nun einmalig die Java-Installtion gestartet." + _
  vbNewLine + "Sollte Ihnen dabei mitgeteilt werden, dass Java (in _
  dieser Version) bereits" + vbNewLine + "installiert ist, können sie die _
  Java-Installation abbrechen." + vbNewLine + "Beim nächsten _
  Stempeln erfolgt keine Abfrage für die Java-Installation mehr!"
  Msgbox „Diese Funktion wird nicht mehr unterstützt"
  Exit Sub
  Open CurrentProject.path + "\JavaTest.txt" For Output As #1
  Print #1, "java-getestet"
  Close #1
  Exit Sub
  Else
  MsgBox "Funktion wird abgebrochen", 64, "Hinweis"
  Exit Sub
  End If
End If
```

Zunächst wird überprüft ob <Java> verfügbar ist und wenn nicht
eine Installationsmöglichkeit angeboten (nicht mehr unterstützt)

```vba
alteBreite = Me.PGTop.Width
Set sp = db.OpenRecordset("Select * from KnowlegeBase where " + _
Me.Filter, dbOpenDynaset)
```

Danach werden alle Wissensartikel für den Aktiven Filter geladen und nach einer Abfrage ob die Dokumente gestempelt werden sollen gestempelt.

```vba
If MsgBox("Sollen  - falls vorhanden - jetzt Dokumente ohne Stempel _
automatisch gestempelt werden?", 32 + 4, "Akte") = vbYes Then

  verschlagwortung = False

  Dim X As Integer
  Dim zahl As String
  Dim nullen As String
  z = 1
  sp.MoveFirst
```

```
aktex% = 1

While Not sp.EOF
  If sp!Dokument And Not sp!Stempel Then
    z = z + 1
    ReDim Preserve DokumentAkte(1 To aktex%)
    DokumentAkte(aktex%) = str$(sp!ID)
    ReDim Preserve Mehrseiten(1 To aktex%)
    ReDim Preserve Seitenzahl(1 To aktex%)
    If sp!MultiTiff Then

    Else
      Mehrseiten(aktex%) = False
      Seitenzahl(aktex%) = 1

      If Me.Bild Then
        Call BilderInFormat(CurrentProject.path + "\Dokumente\Doku" _
        + Trim$(str$(sp!ID)) + ".tif", CurrentProject.path _
        + "\Dokumente\Temp\Doku" + Trim$(str$(sp!ID)) + ".jpg", JPEG)
      Else
        Call BilderInFormat(CurrentProject.path + "\Dokumente\Doku" _
        + Trim$(str$(sp!ID)) + ".tiff", CurrentProject.path _
        + "\Dokumente\Temp\Doku" + Trim$(str$(sp!ID)) + ".jpg", JPEG)
      End If

      Open CurrentProject.path + "\JWasserzeichen\Stempel.bat" For _
      Output As #1
      Print #1, Left$(CurrentProject.path, 2)
      Print #1, "cd " + CurrentProject.path + "\JWasserzeichen\"
      Print #1, CurrentProject.path + "\Java\bin\java MyImgShow " + _
      CurrentProject.path + "\Dokumente\Temp\Doku" + Trim$(str$(sp!ID)) _
      + ".jpeg" + " " + CurrentProject.path + "\Dokumente\Stempel\" + " " _
      + Trim$(str$(sp!ID))
      Close #1

      aktion = CurrentProject.path + "\JWasserzeichen\Stempel.bat"
      ShellWait aktion, False

      Kill (CurrentProject.path & "\Dokumente\Temp\Doku" _
      + Trim$(str$(sp!ID)) + ".jpeg")
```

```
    sp.Edit
    sp!Stempel.Value = True
    sp.Update

  End If

  aktex% = aktex% + 1
 End If
 sp.MoveNext
Wend
```

In einer While-Schleife werden alle Dokumente ohne Stempel gestempelt. Dazu werden zunächst die Arrays aufgebaut. Danach
werden die <tif>-Bilder ins <jpeg>-Format gebracht. Anschließend wird die Batch-Datei zum Stempeln der Dokuemten erstellt
und danach ausgeführt. Die im <Tmp> Ordner zwischengespei-
cherten Dateien werden wieder gelöscht und der Wissensartikel
erhält ein Häckchen bei <gestempelt>.

```
If aktex% > 1 Then
  z = 1
  PGTop.BackColor = vbRed
  DoEvents
  Dim faktor As Integer
  faktor = Me.PGTop.Width / aktex%
  While z <= aktex%
    Me.PGTop.Width = faktor * z
    Me.PGTop.BackColor = vbRed
    Me.Repaint
    DoEvents
    z = z + 1
    Sleep (500)
  Wend
Wend
```

Ein Fortschrittsbalken wird angezeigt.

```
z = 1
Open CurrentProject.path + "\Akte\Deckblatt.txt" For Output As #1
Print #1, "KnowledgeBase Akte vom " + str$(Date)
Print #1, ""
```

```
    Print #1, "Deckblatt"
    Print #1, "*****************************************"
    Print #1, "Dokumente in der aktuellen Akte ohne Stempel"
    Print #1, ""
    While z < aktex%
      If Mehrseiten(z) Then
        Print #1, "Seite: " & str$(z) & "   Dokument: " & DokumentAkte(z) & _
        " (mehrseitig: " & str$(Seitenzahl(z)) & " Schriftstücke)"
      Else
        Print #1, "Seite: " & str$(z) & "   Dokument: " & DokumentAkte(z)
      End If
      z = z + 1
    Wend
    Print #1, ""
    Print #1, "Die hier aufgeführten Dokumente wurden automatisch _
    gestempelt"
    Close #1
    Me.PGTop.BackColor = vbBlack
    Me.Repaint

    Dim sho
    Set sho = CreateObject("wscript.shell")
    sho.exec ("%SystemRoot%\system32\notepad.exe " + _
    CurrentProject.path + "\Akte\Deckblatt.txt")
  Else
    MsgBox "Alle Dokumente sind gestempelt", 64, "Hinweis"
  End If
End If
```

Das Deckblatt wird erzeugt und am Ende zum ausdrucken angezeigt.

```
Me.PGTop.BackColor = vbBlack
Me.PGTop.Width = alteBreite
Me.Repaint
verschlagwortung = True
Weiter_machen:
Exit Sub
```

8.3 Akte in PDF-Datei schreiben

Statt eine Akte zu drucken können sie diese auch zur Weiterver-
wendung in ein PDF-File schreiben.   Wählen Sie dazu unter
[Drucker] den PDFCreator bevor sie die Akte zusammenstellen
(s.a. 1.7 u. 6.6).

Sie können, bevor sie das PDF-File erstellen, ein geeignetes Verzeichnis zur Aufnahme der fertigen PDF-Akte mit dem [VZ]
Button oben rechts erzeugen.

[Funktion ohne Quelltext]

Vorgehen mit dem PDFCreator

Nach dem Drücken das [Akte] Button werden sie durch eine
Meldung darauf hingewiesen, dass nun die Wissensartikel in die
Akte gedruckt werden.

Dann wird ein Formular des PDFCreator angezeigt. Drücken Sie
dort auf [Warten-Sammeln]

Sie werden dann oder auch gleichzeitig gefragt ob Sie die zugehörigen Original-Dokumente ausdrucken wollen. Quittieren Sie
dies mit <ja> aber erst nachdem sie [Warten-Sammeln] gedrückt
haben.

Sie erhalten dann eine Meldung, dass das Drucken beendet ist.
Maximieren Sie nun gegebenenfalls den PDFCreator (in der
Taskleiste zu finden).

Klicken Sie dann im geöffneten PDFCreator in die Liste und fügen alle Dokumente mit der Tastenkombination [Ctrl+A] zusammen (das dauert bis zu einigen Minuten). Speichern sie ab-

schließend die PDF-Akte mit dem [Drucken] Button aus der Werkzeugleiste des PDFCreators. Schließen sie am Ende den PDFCreator.

8.4 Akte(n) auf CD/DVD brennen

Eventuell wollen sie zur Weitergabe oder Archivierung eine oder mehrere Akten auf ein Optisches Speichermedium brennen. Klicken sie dazu auf den [BR] Button (ist die Software zum Brennen noch nicht installiert, holen sie dies mit [Ctrl+F] nach). Im anschließenden Formular wählen sie entweder [Datei öffnen] für eine einzelne Akte oder [Verzeichnis öffnen] für mehrere Akten die in diesem Verzeichnis liegen. Brennen Sie schließlich die Auswahl mit dem [Auswahl brennen] Button. Mit dem [Cl] Button löschen sie die Auswahl. Der [G] Button zeigt ihnen die Größe der Auswahl. Das CD-ROM Laufwerk öffnen oder schließen sie mit den entsprechenden Buttons.

[Funktion ohne Quelltext]

8.5 Akte „von Hand" erstellen

Wollen sie wenige Dokumente, statt durch eine Recherche, lieber "von Hand" zusammenstellen ist auch dies möglich. Wechseln sie einfach zu einem Wissensartikel den sie in die Akte aufnehmen wollen, klicken dann auf [Add Item] unten links, wechseln zum nächsten interessierenden Wissensartikel, klicken abermals [Add Item] und arbeiten so fort bis ihre Akte vollständig ist.

Durch [Add Item] wird eine Liste mit den gewünschten Wissensartikeln angelegt.

Drücken sie schließlich den [End] Button um die eigentliche Akte aus der Liste zu erstellen.

Durch drücken des [End] Buttons wird gleichzeitig die erstellte Liste geleert. Sie kann dann wieder für eine andere Akte genutzt werden.

Zum Eingrenzen ihrer Suche können sie selbstverständlich auch verschiedene Filter aufsetzten und aus diesen heraus den Wissensartikel mit [Add Item] in die Liste aufnehmen.

[Add Item]

```
Dim db As Database
Dim tFilter As DAO.Recordset

Set db = CurrentDb
Set tFilter = db.OpenRecordset("SELECT * From HandFilter")

tFilter.AddNew
tFilter!ArtikelID = Me.ID
tFilter.Update
tFilter.Close

MsgBox "Wissensartikel wurde zugefügt!", 64, "Hinweis"
```

Die Tabelle HandFilter laden und einen neuen Satz mit der Satznummer für den aktuellen Wissensartikel anhängen.

[Delete Item]

Siehe Quelltext zu Kapitel 6.6

[End]

```
Dim db As Database
Dim tFilter As DAO.Recordset
Dim filterstring As String

Set db = CurrentDb
```

```
Set tFilter = db.OpenRecordset("SELECT * From HandFilter")

If tFilter.EOF Then
   MsgBox "Keine Wissensartikel für einen Filter vorhanden!", 64, "Hinweis"
   Exit Sub
End If
tFilter.MoveFirst
Dim weiter As Boolean
weiter = True
filterstring = "ID = " + Trim(str(tFilter!ArtikelID))

While weiter
   'MsgBox str(tFilter!ArtikelID)
   tFilter.MoveNext
   If tFilter.EOF Then
     weiter = False
   Else
     filterstring = filterstring + " OR ID = " + Trim(str(tFilter!ArtikelID))
   End If
Wend

tFilter.Close

Me.Filter = filterstring
Me.FilterOn = True
Me.Filterstatus.Caption = "Filter an"
Me.OrderBy = "[Sachverhalt],[Thema]"
Me.OrderByOn = True
MsgBox "In der Akte befinden sich " + str(DCount("*", _
"KnowlegeBase", Me.Filter)) + " Wissensartikel!", 64, "Hinweis"

DoCmd.OpenQuery ("HandFilterLoeschen")
```

Die Tabelle HandFilter laden und prüfen ob diese leer ist. Zum ersten Satz springen und die Tabelle weiter in einer While-Schleife durchlaufen um den Filterstring aufzubauen. Den Filter aktivieren und die Funktion geordnet verlassen.

161

9. Wissensartikel als E-Mail versenden

9.1 Einzelner Artikel versenden

Durch Klick auf den Button [Artikel versenden] wird der gesamte gerade aktive Wissensartikel, bestehend aus Sachverhalt, Thema, Titel, Beschreibung und Quelltext an eine einzugebende E-Mail Adresse versendet.

Durch diese Technologie müssen sie nicht unbedingt über ein Firmennetzwerk verfügen um trotzdem vernetzt arbeiten zu können.

Das Versenden von Wissensartikeln inklusive deren Dokumente ist nicht möglich. Um Dokumente einem Dritten zugänglich zu machen nutzen sie am besten die Funktion zum Veröffentlichen eines Wissensartikels (s. nächstes Kapitel 10.2.)

HINWEIS: Mit dem [S] Button richten Sie den E-Mail- Dienst ein, er wird gebraucht um E-Mails überhaupt aus der KnowledgeBase versenden zu können. (s. 3.4)

[Funktion ohne Quelltext]

9.2 Akte versenden

Ebenso wie ein einzelner Wissensartikel, kann eine als PDF-Datei erstellte Akte durch den [Akte] Button neben dem [Artikel versenden] Button versendet werden.

HINWEIS: Es können nur beschränkt große Akten versendet werden (Max. Größe 10 MB – entspricht etwa 500 Seiten) und das Versenden kann viel Zeit in Anspruch nehmen.

[Funktion ohne Quelltext]

9.3 Verteiler nutzen

Mit dem [VT] Button können sie einen Verteiler öffnen. Sie werden zunächst gefragt ob ein erstellter Verteiler oder ein normaler Textverteiler genutzt werden soll.

Um einen Verteiler zu erstellen, müssen dafür zunächst Adressen in der Adressenverwaltung vorrätig sein (s. 4.14). Der Verteiler wird dann erstellt mit dem [O] Button. Übernehmen sie Kontakte im aufgehenden Dialog durch markieren der E-Mail Adresse auf der linken Seite und Übernahme mit dem [→] Button in den Verteiler. Der [←] macht die Auswahl wieder rückgängig.

Bei einem Textverteiler laden sie dagegen einfach eine Text-Datei die in jeder Zeile eine E-Mail-Adresse enthält. Textverteiler entstehen oft als Export aus anderen Programmen oder einfach auch nur von „Hand".

Ist ein Verteiler aktiviert (Häkchen), werden Wissensartikel oder Akten an alle im Verteiler aufgeführten E-Mail-Adressen gesendet. Wird das Versenden an eine E-Mail-Adresse wegen eines Fehlers abgebrochen, wird auch der gesamte Vorgang abgebrochen. Das gleiche gilt auch, wenn die Verteilerdatei fehlerhafte E-Mail-Adressen enthält.

Sie können den Verteiler wieder aufheben, wenn sie erneut den [VT] Button betätigen.

[Funktion ohne Quelltext]

164

10. Wissensartikel ins Internet stellen

10.1 Connection

Durch den [CON] Button geben sie die Zugangsdaten für die Herstellung einer FTP-Verbindung zu ihrem Webspace ein. Die eingegebenen Daten werden zur Veröffentlichung eines Wissensartikels verwendet. Auf diese Weise können sie Wissensartikel auf beliebige Server uploaden. Als Verzeichnis muss das Homeverzeichnis auf ihrem Webspace plus, wenn gewünscht, ein Unterverzeichnis (z.B. /homeverzeichnis/cloud) für die Aufnahme veröffentlichter Wissensartikel angeben werden. Geben sie hier auch den Namen für ihre Wissensartikel an (s. nächster Abschnitt). HINWEIS: Sie können unter [CON] immer wieder neue Webspaces und/oder Verzeichnisse und/oder Namen für die Webseiten angeben – diese müssen sie sich dann aber für das spätere Aufrufen im Browser selbst merken.

Unter Connection ist ein Demo-Webspace voreingestellt. Sie erreichen Ihn auf der Webseite zum Buch. (WICHTIG: Auch andere User nutzen den Demo-Webspace)

HINWEIS: Mit dem [Provider]-Button speichern sie die Zugangsdaten ihres Support-Teams (Provider). Sie werden gebraucht für die [Update] und die [Support] Funktion. Die Provider-Daten sind normalerweise voreingestellt und müssen nur neu eingegeben werden wenn sie vom Provider dazu aufgefordert werden und von ihm neue Daten dazu erhalten haben.

[Funktion ohne Quelltext]

10.2 Wissensartikel veröffentlichen

Mit der F12 Taste wird ein Wissensartikel inkl. Dokument auf einen beliebigen Webspace (unter Connection eingerichtet) hochgeladen. Die Seite liegt anschließend unter dem unter Connection angegebenen Namen + ID des Wissensartikels im Homeverzeichnis (und eventuellem Unterverzeichnis) und kann mit dem Internet Explorer (Browser) aufgerufen werden. Also z.B.:

http://www.ihr-webspace.de/cloud/wissensartikel309.html

(Hinweis: das Homeverzeichnis wird beim Aufruf im Browser nicht mit angegeben)

Sie können sich auch eine Übersicht aller Seiten anzeigen lassen.

http://www.ihr-webspace.de/cloud/wissensartikel.php

Oder fügen sie dazu einen entprechenden Link in eine Webseite ein. Der Skiptname <wissensartikle.php> ist dabei fest.

Ein hochgeladener Wissensartikel hat in dem Kästchen [Cloud] ein Häkchen.

Bei einem erneuten betätigen der F12 Taste vom selben Wissensartikel aus wird dieser auf dem Webspace gelöscht. [Ctrl+1] stellt in der KnowledgeBase alle Wissensartikel zusammen die auf den Webspace hochgeladen wurden.

[Funktion ohne Quelltext]

166

10.3 Auf Wissensartikel über das Intranet zugreifen

Der Zugriff über das Intranet/Heimnetzwerk auf die Knowledge-Base ist eine einfache Behelfsfunktion mit der sie die wichtigsten Informationen zu allen Wissensartikeln in der KnowledgeBase von einem anderen Arbeitsplatz aus einsehen können. Drücken Sie die Tastenkombination [Ctrl+W] und geben sie anschließend das Wort <Anleitung> ein um Hinweise zu dieser Funktion zu erhalten und später das Wort <Ausfuehren> um die Funktion zu aktivieren.

[Funktion ohne Quelltext]

11. Webseiten

11.1 Webbrowser

Drücken sie zum Öffnen des Webbrowsers den [Internet] Button. Geben Sie nun in die Adresszeile eine URL ein. Nach dem drücken der [Return] Taste wird die gewünschte Seite geöffnet.

Für wichtige Webseiten wie Google und Wikipedia sind vorgefertigte Buttons vorhanden welche diese Seiten direkt aufrufen.

Suchen sie über Google nach einem bestimmten Thema. Rufen sie dann eine interessierende Webseite auf. Wenn sie danach sofort in die Adresszeile des Browsers klicken wird die Adresse dieser Webseite in die Adresszeile des Browsers übernommen.

Sollen weitere Seiten aufgerufen werden geben Sie wiederum deren URL in die Adresszeile und drücken [Return].

Mit dem [Neu Laden] Button können Sie eine Seite auffrischen.

Vor- und Zurück-Buttons sind im Webbrowser der Knowledge-Base nicht vorhanden.

Beim Starten des Webbrowsers wird immer die zuletzt geöffnete Webseite angezeigt.

Sie können auch den Internet-Explorer mit dem [IE] Button öffnen. Dies ist manchmal praktisch um komfortabler im Web zu surfen. Den [IE] Button finden sie darüber hinaus auch auf der KnowledgeBase Oberfläche.

HINWEIS: Mit dem [W] Button neben dem [Internet] Button erfahren sie wie viel Webseiten für den aktuellen Wissensartikel vorhanden sind.

Quelltext
[Internet]

```
Dim stDocName As String
Dim stLinkCriteria As String
Dim sIPAddress As String
Dim sServerIPAddress As String
Dim screenaufloesung As String
Dim ipadresse As String
Dim B1 As String
Dim B2 As String

If Not verschlagwortung Then
    MsgBox "Es können keine Webseiten zugeordnet werden, wenn ein _
    neuer Wissensartikel noch nicht verschlagwortet wurde bzw. warten _
    Sie bis der aktuelle Prozess beendet ist.", 48, "Bedienung"
    Exit Sub
End If

If IsConnection = "Keine Verbindung" Then
    MsgBox "Keine aktive Internetverbindung vorhanden!", 48, "Fehler"
    Exit Sub
End If

clipboard.Clear
clipboard.SetText (ID.Value)

stDocName = "WebBrowser"
DoCmd.OpenForm stDocName, , , stLinkCriteria, , acDialog
```

Nach Prüfung auf Verschlagwortung und ob eine Internet-verbindung besteht, die aktuelle ID in die Zwischenablage schreiben. Zum Schluß den Webbrowser aufrufen.

[Webseiten]

```
MsgBox "Anzahl vorhandener Webseiten für diesen Wissensartikel: " _
+ str$(DCount("*", "Websites", "SatzNr = " + str$(Me.ID)))
```

170

Zeigt an wieviel Webseiten dem aktuellen Wissensartikel zugeordnet sind.

11.2 Webseite speichern

Eine beliebige im KnowledgeBase-Webbrowser angezeigte Seite kann mit dem [Speichern] Button gespeichert werden. Nach dem drücken des Buttons geben Sie der Webseite einen Titel. Es wird Ihnen eine Bestätigung eingeblendet und die Seite ist dann in der Liste der gespeicherten Webseiten für diesen Wissensartikel.

Nach dem Speichern einer Webseite sollten Sie den [Aktualisieren] Button betätigen, damit der Eintrag in die Liste eingefügt und beim Blättern in der Liste angezeigt wird.

Quelltext gehört zur BlackBox

11.3 Navigieren in der Liste der Webseiten

Mit den Buttons [Weiter] und [Zurück] bewegen Sie sich in der Liste der gespeicherten Webseiten je einen Datensatz vor und zurück. Mit dem ersten betätigen des [Weiter] Buttons wird zunächst in der Liste auf den ersten Datensatz platziert.

Wie viel Datensätze die Liste enthält sehen sie im zweiten Feld hinter dem Adressfeld, welcher Datensatz der gerade Aktuelle ist im ersten Feld. Wenn Sie an den Anfang oder das Ende der Liste kommen erhalten Sie eine Meldung. Es kann auch vorkommen, dass Sie außerhalb der gesamten Datenbank navigieren. Dann erhalten Sie eine Mitteilung und können im Satz-Nummer Feld sehen, dass der aktuelle Satznummernwert größer der Gesamtzahl (zweiter Wert) bzw. kleiner <1> ist. Sie kommen wieder innerhalb die Liste durch ein weiteres betätigen des [Weiter] bzw. [Zurück] Buttons.

11.4 Webseite löschen

Rufen Sie die zu löschende Webseite mit dem [Weiter] bzw. [Zurück] Button auf und betätigen dann den [Löschen] Button. Anschließend ist noch der [Aktualisieren] Button zu betätigen. Die Webseite ist nun entfernt.

HINWEIS: Webseiten können sie auch in der KBLite (s. Anhang 3) aufrufen und speichern. Drücken sie dazu in der KBLite den [Browser] Button und arbeiten Sie dann wie hier beschrieben weiter. Die in der KBLite gespeicherten Webseiten stehen dann auch in der KnowledgeBase zur Verfügung.

12. Sprachmemos

12.1 Sprachmemos aufzeichnen

HINWEIS: Bevor sie die erste Sprachaufzeichnung erstellen drücken zunächst bitte die Tastenkombination [Ctrl+R] und stellen in dem sich öffnenden Rekorder unter [Output Format] - falls noch nicht voreingestellt - <Windows ACM> ein. Überprüfen sie gegebenen falls auch die Lautstärke in den Einstellungen für Aufnahme und Wiedergabe im Master-Volume von Windows. Außerdem muss ihr Mikrofon in der Systemsteuerung unter Sound als Standardgerät für die Aufnahme ausgewählt sein.

Drücken Sie den [SIn] Button wodurch der Rekorder gestartet wird. Sie beginnen eine Aufnahme durch Klick auf den [Aufnahme] Button. Sprechen sie sobald ein Häkchen vor <Aufnahme> gesetzt wird. Durch Klick auf den [Pause] Button können sie eine Aufnahme unterbrechen – es wird ein Häkchen vor Pause gesetzt. Die Aufnahme wird fortgesetzt mit dem [Weiter] Button. Ist eine Aufnahme abgeschlossen, drücken sie den [Stop] Button und verlassen den Recorder mit dem [Beenden] Button.

[Funktion ohne Quelltext]

12.2 Sound-Datei zuordnen

Statt ein Sprachmemo aufzuzeichnen können sie auch eine bereits bestehende Sound-Datei einem Wissensartikel zuordnen. Es muss sich dabei lediglich um eine Datei im WAV-Format handeln. So lassen sich auch Songs oder Sprachnotizen von ihrem Handy oder jede andere Sound-Datei im WAV-Format einem Wissensartikel zuordnen. Das Zuordnen erfolgt durch den [Sound] Button.

[Funktion ohne Quelltext]

173

12.3 Sprachmemos abspielen

Ist einem Wissensartikel ein Sprachmemo oder eine Aufnahme zugeordnet, können sie das an einem Häkchen vor Sound (links oben) erkennen. Zum Abspielen eines Sprachmemos klicken sie einfach auf den [SOut] Button. Während des Abspielens können sie zu anderen Datensätzen der KnowledgeBase blättern, wobei die Soundausgabe nicht unterbrochen wird. Durch Klick auf den [Stop] Button wird die aktuelle Soundausgabe beendet. Sie können eine laufende Soundausgabe von jedem Wissensartikel der KnowledgeBase aus beenden.

[Funktion ohne Quelltext]

12.4 Sprachmemos löschen

Mit dem [Del] Button löschen sie eine einem Wissensartikel zugeordnete Soundaufzeichnung.

Siehe Quelltext zu Kapitel 5.4

13. Systemverwaltung

13.1 System-Backup

Mit dem [BackUp] Button können sie ein vollständiges Backup der KnowledgeBase erstellen. Dabei werden nicht nur die Daten der KnowledgeBase gesichert, sondern die gesamte Funktionalität. Damit dieses neue System auch seine eigenen Daten verwalten kann, muss eine Verbindung zu seinem Back-End – der Datenbasis – hergestellt werden. Dies kann man, wenn es nicht ohnehin automatisch erfolgt, mit dem [VB] Button erledigen – die Anwendung muss danach neu gestartet werden. Die Abbildung verdeutlicht den Sachverhalt:

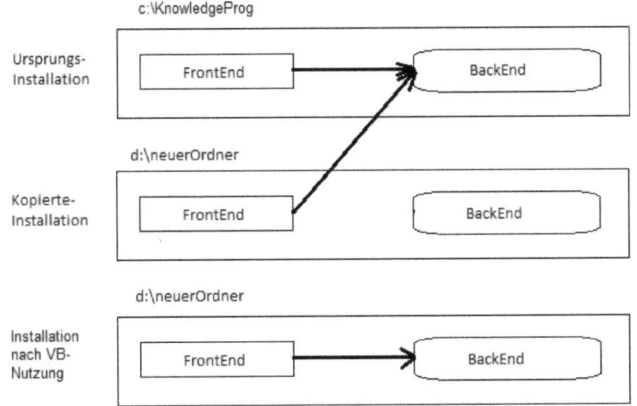

Hinweis: Erst nach der Verbindung zum neuen Back-End sollte die alte KnowledgeBase - falls gewünscht - gelöscht werden.

Ein Backup kann wegen dieser Technik auch nur auf ein Speichermedium erfolgen, das an demselben Computer angeschlossen ist und über einen Laufwerksbuchstaben erreichbar ist.

Erstellen sie nun einen Link für das Backup auf dem Desktop in dem sie den [L] Button unten in der Mitte betätigen. Schließen sie dann die KnowledgeBase und starten das Backup indem sie auf den soeben erstellten Link auf dem Desktop doppelklicken.

Beim ersten Start des KnowledgeBase-Backups wird darauf hingewiesen, dass eine Verbindung zum Back-End hergestellt wurde. Betätigen sie anschließend in dem geöffneten Backup noch einmal den [L] Button um alle anderen Links für das Backup (KBLite, KBAdressen, KBMain) auf dem Desktop abzulegen. Schließen sie dann das Backup und verbinden sie auch die Zusatzprogramme KBAdressen, KBLite und KBMain mit ihrem [VB] Button zum Back-End. Starten Sie nach dem Verbinden die jeweiligen Programme neu.

Falls sie beabsichtigen Updates der KnowledgeBase zu nutzen muss die Erstinstallation auf Laufwerk C: auf Ihrem Computer verbleiben – denn nur sie kann geupdatet werden.

Wollen sie in einer geupdateten Ursprungs-KnowledgeBase mit dem Datenbestand eines Backups weiter arbeiten, importieren sie das Backup mit dem [Import] Button in der Mitte rechts. Wählen sie in dieser Funktion einfach das Verzeichnis aus in dem das Backup liegt. Anschließend steht ihnen der Datenbestand aus dem Backup in der Ursprungs-KnowledgeBase zur Verfügung (s. 15.1 Update).

Durch drücken des Buttons [Backup Dat] aus der Knowledge-Base Oberfläche oder der Tastenkombination [Ctrl+B] wird ihnen angezeigt wann das Letzte Backup für diese Version erstellt wurde. Sie finden in der eigentlichen Backup-Oberfläche außerdem Buttons zum Auswählen oder Anlegen des Backup-Verzeichnisses.

Quelltext

[BackUp]

```
Dim stDocName As String
Dim stLinkCriteria As String

If Not DCount("*", "KnowlegeBase") > 1 Then
  MsgBox "Backup wurde abgebrochen! Die KnowledgeBase ist leer - sie _
  muß mindestens 2 Wissensartikel enthalten!", 48, "Fehler"
  Exit Sub
End If

stDocName = "Backup"
DoCmd.OpenForm stDocName, , , stLinkCriteria
```

Prüfen ob die KnowledgeBase Daten enthält und wenn ja, das BackUp-Formular aufrufen.

[Import]

```
Dim Verzeichnis As String
Verzeichnis = BrowseForFolder("Wählen Sie das Backup-Verzeichnis aus ...")

If Verzeichnis = "" Then
  Exit Sub
End If

If Not FileExist(Verzeichnis + "\BackEnd.mdb") Then
  MsgBox "Dies ist kein gültiges Backup-Verzeichnis!"
  Exit Sub
End If

Open CurrentProject.path + "\Kopieren1.bat" For Output As #1
Print #1, "@echo off"
Print #1, "xcopy " + Verzeichnis + "\Dokumente" + " " + _
CurrentProject.path + "\Dokumente" + " /E /Y /I"
Print #1, "del " + CurrentProject.path + "\BackEnd.mdb"
Print #1, "xcopy " + Verzeichnis + "\BackEnd.mdb" + " " + _
```

177

```
CurrentProject.path + " /E /Y /I /R"
Close #1

Open CurrentProject.path + "\Kopieren2.bat" For Output As #1
Print #1, "@echo off"
Print #1, "robocopy " + Verzeichnis + "\Dokumente " + _
CurrentProject.path + "\Dokumente" + " /S /PURGE"
Close #1

Call Shell(CurrentProject.path + "\Kopieren1.bat")
Call Shell(CurrentProject.path + "\Kopieren2.bat")

MsgBox "Das Backup wurde importiert!"
Call Befehl61_Click
MsgBox "Die KnowledgeBase wird nun geschlossen. Bitte warten sie bis das " +
vbNewLine + "Kopieren beendet ist und öffnen sie die KnowledgeBase dann
erneut!"
DoCmd.Close
```

Verzeichnis auswählen und prüfen ob es eine <BackEnd.mdb>
enthält. Wenn ja, Backup Batch Dateien schreiben und dann aufrufen. Daten werden nun importiert und Verzeichnisse gesäubert.
Am Ende die KnowledgeBase schließen.

[Backup Dat] oder [Ctrl+B]

```
Dim mWann As String
Dim mDann As Date

Open CurrentProject.path + "\BackupDatum.txt" For Input As #1
Input #1, mWann
Close #1

mDann = CDate(mWann)
MsgBox "Das letzte Backup erfolgte vor " + str$(Date - mDann) + _
" Tagen, am: " + mWann, 64, "Abfrage"
```

Das Datum des letzten Backups wird ausgegeben. Die Datei <BackupDatum.txt> wird von dem eigentlichen Backupprogramm geschrieben.

13.2 Passwort

Die KnowledgeBase kann mit einem Passwort vor unerlaubtem Zugriff gesichert werden. Standard mäßig ist das Passwort „geheim" gesetzt. Zum ändern des Passwortes schließen Sie, falls geöffnet, zunächst die KnowledgeBase. Doppelklicken sie dann auf das Symbol <KBPasswort> auf dem Desktop. Nach Eingabe des momentan eingestellten Passwortes und zweimaliger Eingabe des neuen Passwortes wird dieses für die KnowledgeBase neu gesetzt.

Hinweis: Für ein Backup kann das Passwort nicht geändert werden.

[Funktion ohne Quelltext]

13.3 Support- und Checkfunktion

Die KnowledgeBase merkt sich die zuletzt durchgeführten Aktionen. Für den Fall eines schwerwiegenden Fehlers kann damit zurückverfolgt werden, wo dieser aufgetreten ist. Ein schwerwiegender Fehler ist, wenn die KnowledgeBase nicht mehr weiterarbeitet, sie sich also „aufhängt" oder abstürzt. Hängt sich die KnowledgeBase auf, sollten sie den TaskManager mit den Tasten [Ctrl+Alt+Entf] starten und die KnowledgeBase „gewaltsam" beenden. Danach empfehlen wir die KnowledgeBase erneut zu starten und sofort (bevor sie irgendeine Funktion anstoßen) den [Support] Button zu betätigen. Durch die Support Funktion wird der Fehler dem Software-Hersteller gemeldet. Eventuell kann dieser dann darauf reagieren und ihn für späteren Programmversionen beheben (s.a. 15.1 u. 15.2). Zur Nutzung dieser Funktion müssen die Connection-Daten richtig eingestellt sein. (s. 10.1 Connection)

HINWEIS: Tritt dagegen ein einfacher Fehler auf wird dieser in der Regel durch eine Fehlermeldung angezeigt. Normalerweise sollten sie nach dem quittieren der Fehlermeldung weiterarbeiten können. Merken oder notieren sie sich die Fehler-Meldung oder drücken sie bevor sie weitere Funktionen anstoßen, wenn sie möchten, den [Support] Button. Tritt der Fehler öfter auf, empfehlen wir in jedem Fall den [Support] Button zu betätigen. Bei einem schwerwiegenden Fehler oder wenn sie die Knowledge-Base mit dem Task-Manager abschießen mussten, kann es sein, das die „Verbindung" zu ihren zuletzt gescannten Dokumenten oder aufgenommenen Sounds verloren sind. Um diese „Verbindung" wiederherzustellen können sie die <Check-Funktion> nutzen. Drücken sie einfach den [Check] Button und verlorene Dokumente oder Sounds werden wieder hergestellt.

Die Check-Funktion wird auch von einigen KnowledgeBase Funktionen automatisch aufgerufen. Sollten dann Dokumente oder Sounds automatisch wiederhergestellt worden sein, werden sie mit einer Meldung darauf hingewiesen.

13.4 Initialisierung

Wenn sie die KnowledgeBase einmal komplett leeren wollen, z.B. wenn sie mit dem Üben nach diesem Handbuch fertig sind, drücken sie den Button [Init]. Dadurch werden alle Wissensartikel, Dokumente/Bilder, Soundaufzeichnungen und Webseiten entfernt.

HINWEIS: Wenn sie danach wieder einen Wissensartikel anlegen beginnt dessen <ID> nicht bei eins, sondern einer beliebig anderen Nummer. Das ist völlig normal und braucht sie nicht weiter zu stören.

Nach dem die KnowledgeBase geleert wurde wird das Programm beendet. Sie sollten nun die KnowledgeBase erneut starten. Nach dem Initialisieren haben Sie für den ersten Eintrag in der KnowledgeBase nur die Möglichkeit einen Dummy-Sachverhalt <Erster Datensatz mit Sachverhalt> und ein Dummy-Thema <Erster Datensatz mit Thema> zu wählen. Wenn Sie möchten können Sie den Dummy Eintrag auch umbenennen. Danach arbeiten Sie ganz normal weiter (s.u. 6.4). Bevor sie die KnowledgeBase wieder beenden sollten sie mindestens noch einen weiteren Wissensartikel anlegen und diesen Aktualisieren.

Quelltext

[Init]

```
If Not verschlagwortung Then
    MsgBox "Bitte verschlagworten sie diesen Wissensartikel zuerst bzw. _
    warten Sie bis der aktuelle Prozess beendet ist.!", 48, "Bedienung"
    Exit Sub
End If

If MsgBox("Soll die Datenbank vollständig geleert werden?", 32 + 4, _
    "KnowledgeBase initialisieren") = vbYes Then
    If MsgBox("Sind Sie sich wirklich absolut sicher, dass die Datenbank _
        geleert werden soll?", 32 + 4, "KnowledgeBase initialisieren") = vbYes Then
        Call CopyFile(CurrentProject.path + "\Erde.jpg", CurrentProject.path _
        + "\Dokumente\Stempel\Temp2.jpg")
        Call CopyFile(CurrentProject.path + "\Erde.jpg", CurrentProject.path _
        + "\Dokumente\Temp1.jpg")

        Kill (CurrentProject.path & "\Dokumente\*.*")
        Kill (CurrentProject.path & "\Dokumente\Stempel\*.*")

        Call CopyFile(CurrentProject.path + "\NewBase.mdb", _
        CurrentProject.path + "\BackEnd.mdb")
```

181

```
    Open CurrentProject.path + "\Init.txt" For Output As #1
    Print #1, "sperren"
    Close #1

    clipboard.SetText ("sperren")

    MsgBox "Die Datenbank wurde geleert. Das Programm wird nun _
    beendet. " + vbNewLine + "Zum Weiterarbeiten starten sie das _
    Programm bitte neu!", 64, "Hinweis"
    DoCmd.Close
  End If
End If
```

Prüfen ob Verschlagwortung und doppelte Sicherheitsabfrage.
Alle Dokumente löschen und leere Datenbank bereitstellen. Formular schließen.

13.5 Front-End einkopieren

Wurde ein KnowledgeBase Front-End „von Hand" in ein anderes
KnowledgeBase System, bzw. dessen Ordner kopiert muss mit
dem [VB] Button danach eine Verbindung zum Back-End hergestellt werden (s. 13.1 mit dem Datenbestand aus einem Backup in
einer geupdateten Knowlede-Base arbeiten u. 15.1 Update).

HINWEIS: Es kann sein, dass danach kein aktuelles Update der
KnowledgeBase mehr vorliegt!

Normaler Weise sollte deshalb ein solches Vorgehen nicht von
einem Anwender durchgeführt werden!

[Funktion ohne Quelltext]

14 Besondere Funktionen

14.1 Adressen- und Kommunikationsverwaltung

Rufen sie die Adressverwaltung mit dem [Adr]-Button oben rechts auf.

Sie können nun in der Art wie in der KnowledgeBase arbeiten und neue Adressen aufnehmen und sie aktualisieren, wenn sie damit fertig sind, sowie in den Adressen blättern.

Namen die schon in die Adressverwaltung aufgenommen wurden werden ihnen mit dem Button [Alphabetische Namensliste] aufgelistet. Wenn sie hierin einen Namen anklicken und den Button [zum Namen springen] betätigen, wird dieser Name gesucht und in der Adressverwaltung angezeigt. Außerdem können sie mit dem [Namen suchen] Button Namen wie gewohnt suchen.

Mit den [Call]-Buttons werden direkt die Personen zu den entsprechenden Telefonnummer aus der Adressverwaltung heraus angerufen (dazu muss das Programm Skype auf ihrem Computer installiert sein).

Mit dem [Ablegen]-Button wird die gesamte Adresse als Text-Datei auf dem Desktop abgelegt.

Mit dem [Gruppe bilden]-Button können sie der aktuellen Adresse andere Personen zuordnen. Geben sie zunächst einen Gruppennamen ein. Nach der Betätigung erhält der Button die Aufschrift [Personen zuordnen]. Gehen sie nun zu einer anderen Adresse und klicken dort auf [Personen zuordnen]. Diese Person wird nun der Ausgangsperson zugeordnet. Wiederholen sie dies mit weitern Adressen solange bis die Gruppe vollständig ist. Drücken sie dann den [Ende]-Button. Wenn sie nun zur Ausgangsperson wechseln und dort auf den [Gruppe]-Button drücken

183

wird ihnen die gerade erstellte Gruppe angezeigt – sie können in diesem Formular Personen aus der Gruppe entfernen oder die gesamte Gruppe löschen. Außerdem haben sie die Möglichkeit zu einer anderen Gruppe zu wechseln oder der gesamten Gruppe eine kurze Mitteilung zu senden. Mit dem Button [Liste] neben dem [Ende]-Button können sie die Gruppe anzeigen lassen oder ausdrucken.

Mit dem [E-Mail senden] Button können Sie eine kurze E-Mail an die E-Mail Adresse der gerade aktuellen Adresse senden. Das E-Mail Programm hat eine Signaturfunktion. Die Signatur können sie in der Adressverwaltung mit dem [Signatur] Button oben in der Mitte erstellen. Im E-Mail-Programm fügen sie die Signatur mit dem dortigen [Signatur] Button ein. Mit dem Button [PDF anhängen] wird eine PDF Datei an die E-Mail angehängt und mitversendet. Die PDF-Datei sollte nicht größer als 4 Seiten sein.

Mit dem Button [Briefinhalte verwalten] können sie den Rohinhalt eines Briefes erfassen den sie später an Personen der Adressverwaltung verschicken wollen. Geben sie einfach einen aussagefähigen Titel und den Briefinhalt selbst ein (das Zeilenende sollte innerhalb der Markierung liegen). Zusätzlich können sie dem Brief eine individuelle Ansprache und eine individuelle Grußformel am Ende des Briefes zuordnen. Schließen sie ihre Eingaben mit dem [Briefinhalte aktualisieren] Button ab. Einen so erstellten Briefinhalt können sie auch im E-Mail-Programm mit dem Button [Brieftext anhängen] an eine E-Mail anhängen oder den Brieftext an einen Verteiler den sie zuvor mit dem [Verteiler] Button im selben Formular erstellt haben versenden.

Wenn sie nun einen Brief drucken und dann versenden wollen suchen sie zunächst die interessierende Adresse in der Adressverwaltung auf. Klicken sie dann auf den Button [Brief erstellen]. Klicken sie im aufgehenden Dialog den Brief an, der verwendet werden soll und klicken dann auf [Brief wählen]. Sie werden nun gefragt ob der Brief für eine spätere Verwendung archiviert werden soll. Klicken sie hier gegebenenfalls auf <Ja>. Der vollständige Brief kann nun ausgedruckt oder angezeigt werden. Mit dem Button [Umschlag] wird ein DIN-Lang Briefumschlag sowohl mit ihrem Absender als auch der Empfängeradresse bedruckt (ihr Drucker sollte einen entsprechenden Einzugsschacht haben).

Unter [Brief Archiv] finden sie alle archivierten Briefe. Diese können vollständig bearbeitet und dann noch einmal ausgedruckt werden oder können auch an die Textverarbeitung gesendet und dort ebenfalls bearbeitet werden. Mit dem [Namen übernehmen] Button werden alle archivierten Briefe für die aktuelle Adresse zusammengestellt. Die Briefe werden chronologisch geordnet angezeigt. Die archivierten Briefe können im Briefarchiv auch gelöscht werden. HINWEIS: vergessen sie das Aktualisieren vor dem ausdrucken nicht!

Mit [Ctrl+3] aus der KnowledgeBase Oberfläche heraus können Sie ein Logo (.jpg Datei mit 130 x 70 Pixel Größe) laden, das dann in Ihren Briefen erscheint.

Mit [Ctrl+9] aus der KnowledgeBase Oberfläche heraus können Sie die Kommunikationsverwaltung initialisieren, d.h. leeren (Die Adresse des Prismproject Verlag bleibt als einzige Adresse erhalten).

Sie können die Adressenverwaltung auch direkt vom Desktop aus aufrufen. Doppelklicken sie dazu auf den Link <KBAdressen>.

Wollen sie die KBAdressen (KBLite, KBMain) in einem Back-Up nutzen müssen Sie zuvor aus dem Back-Up heraus mit dem

[L]-Button unten in der Mitte einen Link auf dem Desktop erstellen um sie mit diesem dann aufrufen zu können.

[Funktion ohne Quelltext]

14.2 Mini-Workflow-Management

Durch Zuordnung eines Status (links unter [Suchen] Button) für einen Wissensartikel lässt sich ein einfaches Workflow-Management realisieren. Es stehen 10 Stati zur Verfügung:

Bedarf->Idee->Grobkonzept->Feinkonzept->Begonnen->In Arbeit->Unterbrochen->Terminiert->Zurückgestellt-> Abgeschlossen.

Durch den Status ist festgelegt in welchem Stadium sich ein Wissensartikel befindet und in welches Stadium er übergehen kann oder soll.

Die Stati lassen sich in eine Recherche einbeziehen, so dass auch ein Überblick über den Arbeitsstand unter zahlreichen Bedingungen möglich ist.

Arbeitet man an einem Wissensartikel geschieht dies In-Line, d.h. es werden keine Kopien des Wissensartikels in den verschiedenen Stati angelegt sondern es wird direkt in dem interessierenden Artikel gearbeitet. Damit das problemlos möglich ist, lädt man durch einen Klick auf den [WFT] Button den zu bearbeitenden Text automatisch in die Textverarbeitung (vorher Beschreibung oder Quelltext anklicken) und hat dadurch den ursprünglichen Artikel vor Augen. Der ursprüngliche Feldinhalt bleibt dabei erhalten. Idealer Weise arbeitet man deshalb mit zwei Bildschirmen. ACHTUNG: Der angeklickte Feldinhalt wird nach der Bearbeitung in der Textverarbeitung nicht automatisch restauriert. Wollen Sie den übernommenen Text wieder im Wissensartikel verwenden müssen Sie ihn zurück kopieren.

Das Workflow-Management lässt sich um eine Wiedervorlage erweitern, wenn man in das Erfasst-Datumsfeld <V> ein in der Zukunft liegendes Datum eingibt. Durch Klick auf den [WF]

Button werden dann nach Abfrage der Abteilung und des Verfassers alle auf diesen Tag – der dann in der Zukunft der aktuelle Tag ist - datierten Dokumente für diesen Verfasser in dieser Abteilung in einer Liste angezeigt.

Um das Datieren zu vereinfachen gelangt man durch Klick auf den [K] Button in einen Kalender der die Auswahl und Berechnung eines bestimmten Datums vereinfacht. In X-Tage gibt man die Anzahl der Tage bis zu einem bestimmten Datum an, wodurch dann mit dem [Dat+X] Button dieses Datum berechnet wird. Durch Klick auf ein Datum im Kalender wird dieses automatisch in das Datum Feld übernommen. Durch Klick auf den [DatX] oder [DatY] Button wird es in diese Felder übernommen. Der [Y-X] Button errechnet die Anzahl der Tage zwischen den beiden Daten. Das letzte im Kalender angeklickte Datum kann bei Rückkehr in die KnowledgeBase mit einem Klick in das Erfasst-Datumsfeld automatisch übernommen werden.

Quelltext

```
On Error GoTo Err_Befehl216_Click
    Dim stDocName As String
    stDocName = "Wiedervorlage"
    If MsgBox("Soll die Wiedervorlage ausgedruckt werden?", 32 + 4, _
    "Strukturübersicht erstellen") = vbYes Then
        DoCmd.OpenReport stDocName, acViewNormal
    Else
        DoCmd.OpenReport stDocName, acPreview
    End If
Exit_Befehl216_Click:
    Exit Sub
Err_Befehl216_Click:
    MsgBox "Workflow-Anzeige wurde abgebrochen", 48, "Hinweis"
    Resume Exit_Befehl216_Click
```

Einfacher Aufruf des Berichtes der auf der gleichnamigen Abfrage basiert.

188

14.3 Wissensnetzwerk-Optimierung

Bei der Wissensnetzwerk-Optimierung der KnowledgeBase handelt es sich um ein Verfahren aus der Graphentheorie, das dort mit <minimal spannender Baum> bezeichnet wird.

Die Wissensnetzwerk-Optimierung der KnowledgeBase arbeitet auf der Grundlage der Zusammenstellung von günstigen Wissensverbindungen. Dabei kennt ein Anwender normaler weise nicht ein ganzes Wissensnetzwerk, er kann aber für den Übergang von einem Wissensartikel zu einem anderen Wissensartikel beurteilen, wie effektiv er ist

Die Grundstruktur für das Optimierungsverfahren besteht also aus einem Netz: Es gibt Knoten (die Wissensartikel) und bewertete Kanten (Beziehungen) zwischen den Knoten. Was dann im Einzelfall Knoten und bewertete Kanten sind bleibt der Fantasie des Anwenders überlassen. So könnten die Knoten in einem nicht sehr anwendungs-realen aber anschaulichem Beispiel die Häuser in einem Dorf sein und die Kanten die Straßen zwischen den Häusern und deren Länge in Metern. Ein bestimmter Hausbewohner weiß dann zwar wie weit es von ihm zu einigen anderen Häusern ist aber er kann nicht sagen, welche Straßen insgesamt die kürzesten Verbindungen zwischen allen Häusern im Dorf bilden. Dieses berechnet dann das Netzwerk-Optimierungs-Verfahren.

Für eine komplexe Sammlung von Einschätzungen ermittelt das Verfahren den optimalen Zusammenhang zwischen den einzelnen Wissensartikeln, womit man sich letztlich die Konsultation eines „Experten" sparen kann. Außerdem erlaubt das Verfahren die Lösung im Laufe der Zeit, durch hinzufügen von weiteren bewerteten Beziehungen, zu verbessern.

Es sollen noch zwei andere Beispiele für die Anwendung des Optimierungsverfahren genannt werden: Nehmen sie an sie seien ein Psychologe. Mit einem bestimmten Patienten reden sie im laufe der Zeit über dieses und jenes Lebensproblem und dessen Bewältigung. Dabei legen sie in jeder Sprechstunde ein Memo – einen Wissensartikel – an, welches die entsprechende Lebenssituation beschreibt. Von einer Lebenssituation (Knoten) zu anderen Lebenssituationen können sie dann festhalten ob der Patient den Übergang (die bewerteten Kanten). mehr oder weniger angenehm empfindet. Im Laufe der Zeit, d.h. wenn sie viele Lebenssituationen und deren Beziehung zu anderen Lebenssituationen erarbeitet haben, können sie dann durch das Optimierungsverfahren ein optimales Bild der Lebensstrategie des Patienten erstellen lassen.

Das letzte Beispiel nun: Sie beschäftigen einige Facharbeiter. Jeder Facharbeiter kann in seinem Fach optimale angaben machen welcher Prozess (Knoten) nach der Erledigung der eigenen Arbeit der beste darauf folgende Prozess ist (bewertete Kante). Keiner der Facharbeiter braucht also das Ganze zu verstehen und sie können trotzdem einen optimalen „Produktionsplan" durch das Optimierungsverfahren erstellen lassen.

Eine Sammlung von Kanten (Beziehungen) für einen Wissensartikel (Knoten) wird durch den Button [Map] erzeugt. Dem Wissensartikel (Knoten) können dann Kanten die zu einem anderen Wissensartikel (Knoten) führen zugeordnet werden. Die Kante selbst wird dabei gar nicht angegeben, sondern der Knoten (Wissensartikel) zu dem sie führt. Dies geschieht durch die Angabe seines Sachverhaltes und seines Themas. Die zugewiesenen - durch Sachverhalt und Thema definierten Knoten (Wissensartikel) - müssen eine größere ID haben als der Ausgangsknoten (die ID des aktuellen Wissensartikels)! Es sind also nur Vorwärtsverweise erlaubt! Diesen Knoten können dann wiederum Kanten zu anderen Knoten zugeordnet werden usw. Die Kanten werden durch eine Maßzahl (Kosten) z.B. zwischen 1 und 100 oder 1 und 1000 usw. bewertet (die gewählte Maßzahl muss für das gesamte Netzwerk beibehalten werden). Je **kleiner** der Wert, desto besser die Kante also je geringer die Kosten der Kante.

Mit dem Button [Schluss] ermittelt dann das Wissensnetzwerk-Optimierungsverfahren das optimale Wissensnetzwerk (alle Knoten und die Kanten mit den geringsten Kosten) und gibt es als Ergebnis in der Textverarbeitung aus. Vor der Ausgabe des optimalen Wissensnetzwerkes können sie sich noch eine Akte auf der Grundlage des gerade ermittelten optimalen Wissensnetzwerkes zusammenstellen lassen.

HINWEIS: Mit dem [Schluss] Button wird ein optimales Wissensnetzwerk ausgehend vom aktuellen Wissensartikel ermittelt. Dabei werden alle Kanten und weitere Knoten und Kanten usw. berücksichtigt, die von dem aktuellen Wissensartikel aus erreichbar – also über Kanten verbunden sind. Wenn Sie die Berechnung von einem anderen Knoten des betrachteten Wissensnetzwerkes aus starten erhalten sie ein völlig anderes Ergebnis (optimales Wissensnetzwerk).

[Funktion ohne Quelltext]

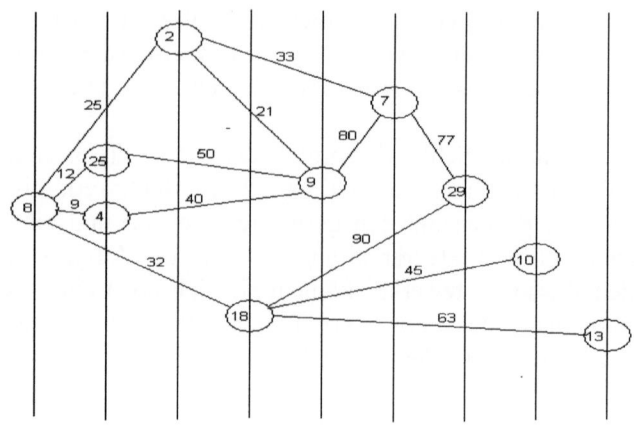

Bild1. Beispiel für ein Wissensnetzwerk. Start bei 8

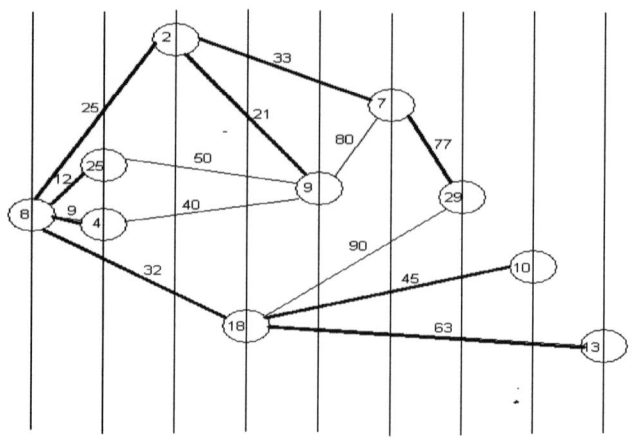

Bild2. Resultierendes optimales Wissensnetzwerk (sw)

14.4 Entscheidungshilfe Electre

Electre wird mir dem Button [Electre] oder der Tastenkombination <Ctrl+Z> aufgerufen.

Electe Berechung

Electre berechnet für mehrere zu untersuchenden Gegenstände welcher der Gegenstände den anderen Gegenständen vorzuziehen ist. Das kann man z.b. für die Bewertung von Kanten aus der Wissensnetzwerk-Optimierung im vorigen Kapitel nutzen. Sie könnten sich z.b. aber auch von Electre berechnen lassen, welche Bewerber für ihr Unternehmen anderen Bewerbern vorzuziehen sind.

Electre nutzen

Arbeiten sie von links nach rechts: Gegenstand, Kriterien, Bewertungssystem, Bewertung, Schwellen und schließlich Berechnen. ACHTUNG: Schließen sie jede Eingabe mit <RETURN> ab. Electre fängt keine Eingabefehler ab!

Gegenstand

Klicken sie auf Gegenstand. Geben sie zunächst die Bezeichnung der Gegenstände ein, die sie Beurteilen wollen, z.B. Bewerber, Autos, Dienstleistungen, Unternehmen usw.

Anschließend legen sie fest wie viele Gegenstände beurteilt werden sollen. Danach geben sie jedem Gegenstand einen Namen, z.B. für Bewerber Herr Schmidt, Herr Müller usw.

Kriterien

Klicken sie auf Kriterien. Geben sie nun die Anzahl der zu untersuchenden Kriterien an und anschließend deren Namen. Kriterien für Bewerber wären beispielsweise: Ausbildung, Schulabschlüsse, Erfahrungen, Umgangsformen usw. für Autos z.B. Preis, Verbrauch, Design...Vergeben sie nun für jedes Kriterium ein Gewicht. Das Gewicht sagt aus wie wichtig das Kriterium für sie ist. Haben sie Beispielsweise insgesamt 100 Punkte zu vergeben ist ihnen ein Kriterium mit 40 Punkten wesentlich wichtiger als eines mit 15 Punkten.

Bewertungssystem

Für jedes Kriterium gibt es fünf Bewertungsstufen die sie nun definieren müssen. Legen sie für jedes Kriterium und jede Stufe deren Wert fest. Dabei können sie linear – wie etwa bei Schulnoten vorgehen (1=5 Punkte, 2=4 Punkte, 3=3 Punkte, 4= 2 Punkte, 5=1 Punkt) – oder auch eine „Kuve" beschreiben (1=20 Punkte, 2=16 Punkte, 3= 11 Punkte, 4=5 Punkte, 5=0 Punkte). Die Werte müssen von vorne nach hinten abfallen – es müssen aber nicht alle fünf Stufen benutzt werden. Eine Bewertung – auch für einzelne Kriterien - mit z.B. drei Bewertungsstufen (1=15 Punkte, 2=10 Punkte, 3= 5 Punkte, 4=0 Punkte, 5=0 Punkte) kann auch definiert werden. Durch das Bewertungssystem definieren sie einerseits die Stufe an sich (der Wert) andererseits aber auch die Beziehung zur nächsten Stufe (der Abstand zum nächsten Wert). Damit können sie z.B. festlegen, wie im Fall der „Kurve", dass gute Bewertungen wesentlich stärker einfließen als schlechte Bewertungen

Bewertung

Jeder Gegenstand erhält nun für jedes Kriterium eine Bewertung gemäß dem Bewertungssystems. Für Gegenstand1 und Kriterum1 z.B. den Wert für die Bewertungsstufe3.

Schwellen

Durch die Annahmeschwelle (Wert zischen 50% und 100%) und die Ablehnungsschwelle (Wert zwischen 0 % und 50 %) definieren sie ab welchem Wert ein Gegenstand einem anderen Gegenstand vorzuziehen ist. Ist für eine Beziehung deren Annahmewert größer als die Annahmeschwelle und gleichzeitig deren Ablehnungswert kleiner als die Ablehnungsschwelle ist er dem anderen Gegenstand vorzuziehen.

Berechnung

Als Ergebnis erhalten sie eine Annahme-Matrix, eine Ablehnungs-Matrix und eine Vorzugs-Matrix. In der Annahme-Matrix sehen sie welcher Gegenstand einem anderen Gegenstand mit wie viel Prozent bevorzugt wird. Für die Bewertung von Kanten aus dem vorigen Kapitel kann dieser Wert umgerechnet werden mit:

100 – Vorzugswert * 100 = Kantenkosten.

Der Wert 0 entspricht den Kantenkosten von 1. In der Ablehnungs-Matrix sehen sie mit wie viel Prozent ein Gegenstand einem anderen Gegenstand gegenüber abgelehnt wird. In der Vorzugs-Matrix sehen sie welcher Gegenstand (links) – unter Berücksichtigung der Schwellen – einem anderen Gegenstand (oben) schließlich vorzuziehen ist. Für diesen Fall enthält der Schnittpunkt den Wert 1. Wenn sie beispielsweise zwei Gegenstände betrachtet haben und als Ergebnis erhalten, das Gegenstand A Gegenstand B vorzuziehen ist UND Gegenstand B Gegenstand A vorzuziehen ist, dann sind beide Gegenstände gleichwertig - sie ziehen also keinen der beiden Gegenstände dem anderen vor.

[Funktion ohne Quelltext]

15. KnowledgeBase Update

15.1 Update durchführen

Bei Klick auf den [Update] Button wird geprüft ob ein neues Update der KnowledgeBase vorliegt und/oder ob ein neues Handbuch verfügbar ist. Ist dies der Fall können sie das neue Update und/oder das neue Handbuch installieren lassen. Ein Update kann nur für die Ursprungsinstallation der KnowledgeBase unter <C:\KnowledgeProg> durchgeführt werden. Das Update hat das Passwort "geheim".

Wollen sie ein Backup im neuen KnowledgeBase Update nutzen müssen sie dies mit dem [Import]-Button in der Mitte rechts in die geuptatete KnowledgeBase importieren. Wählen sie dazu einfach in der Funktion das Verzeichnis aus in dem das Backup liegt.

Zur Nutzung der Update-Funktion müssen die Connection-Daten zuvor richtig angegeben worden sein. (s. 10.1 Connection)

HINWEIS: Die KnowledgeBase prüft kurz nach ihrem Start automatisch ob ein Update zur Verfügung steht. Sollte dies der Fall sein, werden sie darauf hingewiesen.

[Funktion ohne Quelltext]

15.2 Update Info

Nach einem Update erfahren sie durch Klick auf den [Info] Button was an der KnowledgeBase verbessert wurde oder welche neuen Futures in die KnowledgeBase aufgenommen wurden.

[Funktion ohne Quelltext]

Anhang

1. Strukturübersicht der KnowledgeBase........................... 201
2. Button-Verzeichnis.. 203
3. Schnelle Recherche mit KB Lite.................................... 205
4. Schnelles scannen von Dokumenten mit KBMain.............. 207
5. Tipps zur Verschlagwortung...................................... 209
6. Platzhalter (Wildcards)... 211
7. Sicherheit von Dateien.. 213
8. Programmfehler.. 215
9. Zuordnung von Standardprogrammen........................... 217
10. Multi-Tasking und/oder Multi-User Betrieb.................... 219
11. SQL.. 221
12. Programme in den Vordergund holem........................ 223
13. Globale Variablen und API-Funktionen........................ 225

1. Strukturübersicht der KnowledgeBase

Aufrufbar aus der KB mit dem [Str] Button

2. Button-Verzeichnis (Button – Kapitel)

Ablage löschen	2.2	I	A14	Stem	7.7
Adr	14.1	IE	11.1	Stempel	8.2
AI	2.2	Import	13.1	Stop	12.3
Akte	8.1	Info	15.2	Str	A3
Aktualisieren	4.5	Init	13.4	Suchen	1.3
Aktikel versenden	9.1	Internet	11.1	Support	13.3
AZ	4.9	K	14.2	T	4.13
B	7.4	Kopieren	2.2	T	6.3
BackUp	13.1	L	4.7	Thema anlegen	6.3
Backup-Dat	13.1	L	13.1	Tür	1.6
Bild	7.2	Letzter	1.1	U	4.8
BR	8.4	Main	A7	Update	15.1
BS	4.17	Map	14.3	V	4.16
Buch	1.2	N	4.4	VB	13.1
Check	13.3	Nächster	1.1	Voice	5.6
Con	10.1	Neuer Eintrag	1.4	Vorheriger	1.1
D	6.6	Notizblock	2.1	VT	9.3
Del	12.4	O	9.3	VZ	8.3
Diskette	3.3	OCR	7.8	W	11.1
Dok anzeigen	7.4	Office-Dokument	7.4	WA	3.1
Dok löschen	7.5	Quelltext laden	2.3	WF	14.2
Dok scannen	7.1	Quelltext schreiben	3.2	WFT	14.2
Drucker	8.3	S	3.4	X	1.6
Ein	5.6	S	6.2		
Einfügen	2.2	Sachverhalt anlegen	6.2		
Electre	14.4	Samm	6.7		
E-Mails	3.4	Save	3.3		
Erster	1.1	Saver	4.12		
F	6.6	Schluss	14.3		
Filter	6.6	Sin	21.1		
G	4.10	Sound	12.2		
Google-Suche	4.15	Sout	12.3		
Handbuch	5.2	Sperre	4.12		
Hilfe	5.1	SQL	6.6		
Hilli	4.6	Status	14.2		

3. Schnelle Recherche mit KBLite

Die KnowledgeBase braucht relativ lange bis sie vollständig gestartet ist. Deshalb gibt es die Vorschau-Funktion (s. 4.16). Mit ihr können sie sich schnell einen Überblick darüber verschaffen ob für einen bestimmten Sachverhalt das gesuchte Thema überhaupt vorhanden ist. Zu einem späteren Zeitpunkt können sie dann die KnowledgeBase selbst öffnen um die geplanten Arbeiten durchzuführen.

Oft möchte man aber z.B. gar keine größeren Recherchen in der KnowledgeBase durchführen – also Akten zusammenstellen - sondern man möchte einfach etwas nachlesen, die gesuchten Webseiten aufrufen oder nur mal eines oder wenige Dokumente recherchieren und diese dann ausdrucken.

In diesem Fall bringt weder die Vorschau etwas, weil sie keine Möglichkeit bietet Informationen anzuzeigen oder Dokumente zur Verfügung zu stellen, noch das lange warten bis die KnowledgeBase selbst geöffnet ist um dann nur wenige Informationen zu recherchieren.

Die Lösung ist die KBLite. KBLite ist eine kleine Anwendung die einerseits in wenigen Sekunden gestartet ist, andererseits aber alle Mittel zur Verfügung stellt um die Datenbasis der KnowledgeBase nach allen möglichen Informationen zu durchsuchen, inklusive der Möglichkeit die dazugehörigen Dokumente/Office-Dokumente, Soundaufzeichnungen und Webseiten anzuzeigen oder abzuspielen und gegebenenfalls original Dokumente auszudrucken .

Die Bedienung der KBLite ist dabei selbsterklärend. Alle Bedienelemente entsprechen funktional den korrespondierenden Elementen in der KnowledgeBase.

Sie rufen die KBLite mit einem Doppelklick auf das entsprechende Icon auf dem Desktop auf.

Hinweis: Falls Sie in der KnowledgBase selbst an einem in der KBLite gefundenen Wissensartikel weiter arbeiten wollen und sich für diese Arbeit etwas merken müssen, können sie in der KBLite eine Notiz hinterlegen, die dann in der KnowledgeBase zur Verfügung steht.

Außerdem können Sie in der KBLite mit dem [Browser] Button Webseiten aufrufen und speichern, die dann auch in der KnowledgeBase zur Verfügung stehen oder Wissensartikel mit dem [Hochladen] Button in die Cloud hochladen bzw. mit dem [Entfernen] Button aus der Cloud löschen.

Wollen sie die KBLite (KBMain, KBAdressen) in einem Back-Up nutzen, müssen Sie zuvor aus dem Back-Up heraus mit dem [L]-Button unten die entsprechenden Links auf dem Desktop erstellen.

4. Schnelles Scannen mit KBMain

Ebenso wie die KBLite für das schnelle recherchieren zuständig ist (s. Anhang 3) ist die KBMain zuständig für das schnelle Einscannen eines neuen Dokumentes in die KnowledgeBase.

Dokumente fallen unregelmäßig an und man hat nicht immer gerade die Zeit, dann wenn ein neues Dokument eingetroffen ist, einen kompletten Wissensartikel anzulegen. Hier hilft die KBMain.

Mit der KBMain erstellt man sozusagen einen Roh-Wissensartikel bestehend aus <Sachverhalt>, <Thema> und <Titel> sowie dem eingescannten und zugeordnet Dokument. Dieser Roh-Wissensartikel kann dann später jederzeit in der KnowledgeBase vervollständigt werden.

Damit der Umgang mit der KBMain möglichst einfach und auch nicht fehleranfällig ist, lässt sich damit auch wirklich nur so ein Roh-Wissensartikel anlegen. Es ist weder möglich aus der KBMain heraus einen Wissensartikel zu löschen, noch dessen Daten im <Sachverhalt>, dem <Thema> oder dem <Titel> zu ändern.

Bevor sie ein Dokument in der KBMain einscannen erstellen sie zunächst ein neues <Thema> ggf. auch einen neuen <Sachverhalt>. Aktualisieren sie dann die KBMain und klicken anschließend auf den Pfeil mit dem kleinen gelben Quadrat dahinter unten neben der Anzahl der Datensätze. Ordnen sie dann den <Sachverhalt> und das <Thema> zu und geben dem Roh-Wissensartikel einen <Titel>. Anschließend scannen sie das oder die gewünschten Dokumente für diesen Wissensartikel ein. Der Roh-Wissensartikel und das oder die zugehörigen Dokumente stehen nun auch in der KnowledgeBase für die weitere Bearbeitung zur Verfügung.

Wenn sie jeden neuen Wissensartikel in der KBMain unmittelbar nach dem Scannen aktualisieren, können sie sich in der KnowledgeBase mit dem [Main] Button oben automatisch eine Zusammenstellung aller mit der KBMain neu angelegte Wissensartikel anzeigen lassen (sie brauchen sich diese dann also nicht zu merken). Haben sie den Wissensartikel dann in der KnowledgeBase vollständig bearbeitet entfernen sie das Häkchen neben dem [Main] Button.

HINWEIS: Webseiten können sie schnell in der KBLite unter [Browser] erfassen und zuordnen.

Wollen sie die KBMain (KBLite, KBAdressen) in einem Back-Up nutzen müssen Sie zuvor aus dem Back-Up heraus mit dem [L]-Button unten einen Link auf dem Desktop erstellen.

5. Tipps zur Verschlagwortung

So wie den Sachverhalt können sie auch Thema und Titel frei bzw. so wie sie es für am zweckmäßigsten halten, wählen.

Als besonders sinnvoll für die Arbeit mit der KnowledgeBase hat sich aber folgendes Vorgehen bewährt:

Wie schon unter 6.1 beschrieben sollten sie zunächst einen passenden Oberbegriff für den Ordner (Sachverhalt) wählen, den sie anlegen möchten. Wählen sie diesen möglichst nah an den Dokumenten (Thema) die darin eingeordnet werden sollen. Sie können hierbei sogar genauer sein, als sie es in der Realität machen würden, da es in der KnowledgeBase – im Gegensatz zu einem Regal in ihrem Raum - keine Rolle spielt wie viele Ordner darin enthalten sind (es dürfen auch etwas mehr sein).

Für Thema und Titel muss dann noch eine verfeinerte Verschlagwortung gefunden werden, die letztlich das Suchen von Informationen in der KnowledgeBase möglichst leicht machen soll.

Den Sachverhalt (Ordner) für eine Suche zu finden ist wahrscheinlich leicht, denn selbst wenn sie die einfache Suche mit der Liste der Sachverhalte (Ordner) nicht durchführen (BS-Button), dürften ihnen die Sachverhalte (Ordner) wahrscheinlich im Gedächtnis bleiben.

Schwieriger wird das aber schon mit dem Thema (Dokument im Ordner) werden, denn im Laufe der Nutzung der KnowledgeBase können es recht viele Themen werden.

Wenn sie auch den Titel des Dokuments zur Lösung dieses Problems heranziehen, lassen sich Dokumente später leichter finden. Eine Möglichkeit wäre etwa

- im **Titel** das WAS und VON WEM einzutragen und
- im **Thema** das WOFÜR

Behalten sie dieses Schema durchgängig bei, können sie eine Suche später intuitiv formulieren (ggf. unter Verwendung von Platzhaltern).

Beispiel: Für ihr Kind Johann wollen sie dessen Abiturzeugnis ablegen

Sachverhalt (Ordner): Zeugnisse der Kinder
Thema (Dokumente): Abitur von Johann
Titel: Zeugnis der Fachoberschule

HINWEIS: Es kann anfänglich etwas Mühe bereiten die Verschlagwortung richtig zu formulieren, denn manches für Sachverhalt, Thema und Titel ist mehrdeutig und muss zunächst genau separiert werden. Der Aufwand lohnt sich aber. Nicht nur dass ihnen das Vorgehen nach einem Schema, wie etwa dem obigen, mit der Zeit leichter fällt, sie haben irgendwann auch ein sicheres Verständnis dafür wie ihre Informationen in der KnowledgeBase abgelegt sind und können diese somit auch unkomplizierter wieder auffinden.

6. Platzhalter (Wildcards)

„?" – steht für ein beliebiges Zeichen

„*" – steht für eine beliebige Zeichenkette

„#" – steht für ein einzelnes numerisches Zeichen

„[]" – entspricht einem einzelnen Zeichen innerhalb der Klammer z.B. [agf]

„[-]"- entspricht einem einzelnen beliebigen Zeichen innerhalb des angegebenen Bereichs z.B. [e-g]

„[!]"- entspricht einem einzelnen beliebigen Zeichen, das innerhalb der eckigen Klammer nicht enthalten ist z.B. [!dmn]

7. Sicherheit von Dateien

Sind Dokumente, Office-Dateien oder Sprachaufzeichnungen erst einmal in die KnowledgeBase eingescannt, zugeordnet oder aufgezeichnet, können sie in keinem Fall durch interne Funktionen der KnowledgeBase maschinell gelöscht werden.

Dateien können nur durch den Benutzer selbst gelöscht werden.

Sollte es also einmal zu einem Totalausfall der KnowledgeBase kommen, z.B. dadurch, dass die Indexierung – also die <ID> der Wissensartikel – zerstört würde oder durcheinander käme, wären die eingescannten Dokumente, zugeordneten Office-Dateien oder Sprachaufzeichnungen immer noch auf der Festplatte vorhanden. Sie liegen im KnowledgeBase Ordner, in dessen Unterordner <Dokumente> und haben die Dateinamen DokuID oder SoundID. Dokumente und Office-Dateien unterscheiden sich durch ihre Extension.

Sollte die KnowledgeBase also einmal total ausfallen und die originalen Papier-Dokumente bereits vernichtet sein, lägen die Dateien für die Dokumente trotzdem immer noch auf der Festplatte vor.

Diese Dateien ließen sich dann immer noch konventionell weiter handhaben oder einem neuen System zuführen.

8. Programmfehler

Ich will sie an dieser Stelle, ja, ich glaube ich muss sie an dieser Stelle, enttäuschen. Software lässt sich leider nicht wirklich vollständig Testen und damit alle Programmfehler beseitigen. Ich will dies an einem Beispiel Mathematisch begründen.

Auf der Oberfläche der KnowledgeBase finden sie ca. 86 Buttons. Wollten wir davon 6 Buttons willkürlich anklicken müssten wir eigentlich alle möglichen Kombination für das Anklicken von 6 Buttons testen um das .fehlerfreie Zusammenarbeiten dieser 6 Funktionen zu verifizieren. Wir hätten dazu für den ersten Button 86 Möglichkeiten, für den zweiten dann noch 85 Möglichkeiten (der erste soll nicht noch einmal gedrückt werden), für den dritten Button dann noch 84 usw. - insgesamt hätten wir also $n = 86*85*84*83*82*81$, das sind mehr als 338 Milliarden Möglichkeiten!!! Unmöglich das zu testen.

Aus diesem Grund und deshalb weil andere Testfälle ähnlich komplex sind wurden nur die mit vertretbarem Aufwand durchzuführenden Testfälle generiert. Auf dieser Grundlage wurden besonders die Kernfunktionen der KnowledgeBase überprüft. Damit ist relativ sicher, dass die KnowledgBase so funktioniert wie es in diesem Handbuch beschrieben wurde. Deshalb sollten sie sich bei der Bedienung der KnowledgeBase auch genau an dieses Handbuch halten. Wildes „herumklicken" ist nicht sinnvoll und kann gar zu schwerwiegenden Fehlern führen.

Doch selbst wenn sie sich genau an das Handbuch halten sind Fehler nicht gänzlich ausgeschlossen. Ein modernes Programm wie die KnowledgeBase ist eng verzahnt mit dem Betriebssystem auf dem es läuft. Ändert sich die Konfiguration des Systems kann dass Auswirkungen auf ein laufendes Programm, so auch auf die KnowledgeBase haben.

Es erübrigt sich damit der übliche Haftungsausschluss. Nach dem hier gesagten dürfte klar sein, dass man Software - nach heutigem Stand der Technik - einfach nicht fehlerfrei garantieren kann.

Bei den tatsächlich generierten Testfällen handelt es sich vorwiegend um Black-Box Testfälle insbesondere unter Berücksichtigung von Grenzwerten. Damit wurde vor allem die Stabilität der KnowledgBase getestet.

Interessierte Programmierer können die Testfälle als gedrucktes Buch beim Verlag erwerben. Es wurden ca. 750 Testfälle als Beta-Test dokumentiert. Der Preis für die Dokumentation – DIN A4, 132 Seiten - beträgt 98,50 Euro. Siehe

http://www.your-knowledgebase.de

9. Standard-Programme

Die KnowledgeBase öffnet eingescannte Dokumente/Bilder in den Dateiformaten <tif>, <jpg>, <gif> und Office-Dokumente (Word <doc>, Exel <xls> und PDF-Dateien) mit denen auf ihrem Computer zugeordneten Standardprogrammen.

So werden z.B. eingescannte Dokumente (tif Format) in Windows 7 normaler Weise mit der [Windows-Fotoanzeige] angezeigt. Genau so gut kann man sich die Dokumente aber auch z.B. mit Photoshop oder anderen Programmen anzeigen lassen. Dies ist abhängig davon, welches Standardprogramm sie dem entsprechenden Dateiformat zugeordnet haben.

Wenn sie also z.B. Dokumente im <doc> - Format mit der Textverarbeitung Microsoft Word als Standardprogramm verknüpft haben, werden diese Dokumente auch aus der KnowledgeBase heraus mit Microsoft Word geöffnet. Haben sie das <doc>-Format aber z.B. mit Open Office Writer verknüpft, werden die Dokumente dann aber auch mit Open Office Writer aus der KnowledgeBase heraus geöffnet.

Es wird empfohlen, das Programm als Standardprogramm zuzuordnen, das ihnen am besten liegt. Wenn sie kein Programm favorisieren wird empfohlen für Dokumente bzw. Bilder die [Windows-Fotoanzeige], für Office-Dokumente [Microsoft Word u. Excel] und den [Adobe Acrobat Reader] für PDF Dateien als Standardprogramm zuzuordnen.

So gehen sie vor um ein Dateiformat mit einem Standardprogramm zu verknüpfen:

Gehen sie auf
- ➔ Systemsteuerung
- ➔ Programme

➔ Standardprogramme
➔ Dateityp oder Protokoll einem Programm zuordnen
➔ markieren sie den gewünschten Dateityp mit Klick
➔ klicken sie auf den Button [Programm ändern...]
➔ wählen sie ein empfohlenes Programm oder
➔ ordnen Sie ein anderes Programm mit [Durchsuchen] zu

Die entsprechenden Dateiformate werden nun von der KnowledgeBase mit dem gewünschten Programm geöffnet.

10. Multitasking und Multi-User Betrieb

Multi-User Betrieb

Standardmäßig ist die KnowledgeBase als Desktopanwendung für Einzelnutzer konzipiert. Wenn sie die KnowledgeBase dennoch in einer Mehrbenutzer-Umgebung betreiben wollen, müssen sie zunächst die Nutzungsart auf Multi-User umstellen. Drücken sie dazu aus der KnowledgeBase Oberfläche heraus die Tastenkombination [Ctrl+8] und machen im darauffolgenden Dialog ein Häkchen vor <Multi-User>. Schließen Sie danach die KnowledgeBase.

Kopieren sie nun den gesamten KnowledgeBase-Ordner <KnowledgeProg> auf das interessierende Zentrallaufwerk (z.b. Google-Drive[1.)]). Öffnen sie dann den Ordner auf dem Zentrallaufwerk und doppelklicken auf die Datei

<Knowledge-Base.mdb>

Verbinden sie nun Front- und Backend durch anklicken des [VB]-Buttons. Schließen sie die KnowledgeBase und wiederholen sie den Vorgang für die KBLite, KBAdressen und KBMain. Kopieren sie nun für die interessierenden User PC's (auf jedem PC muss die Access-Runtime installiert sein!) die Datei <Knowledge-Base.mdb> aus dem <KnowledgeProg> Ordner auf dem Zentrallaufwerk auf deren Desktop. Wiederholen sie den Vorgang für die KBLite, KBAdressen und KBMain. Alle User können nun gemeinsam mit demselben Datenbestand arbeiten. Sie müssen dazu nur das Front-End auf Ihrem Desktop starten (<Knowledge-Base.mdb>, <KBLite.mdb>, <KBMain.mdb>).
Im Multi-User Betrieb kann es vorkommen, dass zwei oder mehr User gleichzeitig an demselben Inhalt eines Wissensartikels arbeiten. Um hier zu vermeiden, dass die Daten durcheinander geraten, z.B. dann, wenn zwei User gleich zeitig etwa den

<Quelltext> desselben Wissensartikels ändern wollen, sperrt die KnowledgeBase im Multi-User Betrieb beim ersten Aufrufen eines Wissensartikels die zugehörigen Daten. Benutzer zwei könnte also in diesem Beispiel nichts eingeben d.h. den <Quelltext> nicht verändern. Hat Benutzer eins seine Arbeit beendet werden die Daten wieder freigegeben und Benutzer zwei (der dann seinerseits die Daten sperrt) kann sie wieder bearbeiten usw.

Multitasking Betrieb

Auch für den Multitasking Betrieb ist die KnowledgeBase standardmäßig nicht konzipiert – Multitasking bedeutet hier, dass sie mehrere der KnowledgeBase Programme, also die KnowledgeBase selbst, KBLite, KBAdressen und/oder KBMain gleichzeitig nutzen wollen. Drücken sie dazu auch hier aus der KnowledgeBase Oberfläche heraus die Tastenkombination [Ctrl+8] und machen im darauffolgenden Dialog ein Häkchen vor <MultiTasks>. Schließen Sie danach die KnowledgeBase. Sie können nun alle KnowledgeBase Programme auch gleichzeitig nutzen. HINWEIS: In der Betriebsart Multi-Tasks wird automatisch auch die Betriebsart Multi-User aktiviert. Für die KnowledgeBase ist ein anderes KnowledgeBase Programm dasselbe wie ein anderer User.

1.) Richten Sie dazu für die Nutzung von Google Drive auf allen interessierenden Arbeitsplatzrechnern ein identisches Windows-Benutzerkonto (gleicher Name) und Google Drive (mit demselben Google Konto anmelden) ein.

11. SQL

A. Daten selektieren

SELECT spalten_name FROM Tabellen_name

Beispiel:

SELECT Sachverhalt, Thema, Titel FROM KnowlegeBase

Dabei wird die Reihenfolge der Spalten laut Angabe bestimmt.

Beispiel:

SELECT Thema, Titel, Sachverhalt FROM KnowlegeBase

<Alle Spalten> werden mit * ausgewählt

Beispiel

SELECT * FROM KnowlegeBase

B. Ausgabe begrenzen

SELECT * FROM Tabellen_name WHERE spalten_name = „wert"

Beispiel

SELECT * FROM KnowlegeBase WHERE Sachverhalt = „Info"

Werte werden beim Datentyp
- Text in Anführungszeichen
- Boole mit den Worten TRUE oder FALSE

221

- Zahl als Ziffern und
- Datum als #01/01/2017#

angegeben.

Die verschiedenen Bedingungen:

1. Größenvergleich

= < > <= >= <>

Beispiel

SELECT * FROM KnowlegeBase WHERE Sachverhalt >= „J"

Bei mehreren Bedingungen können diese verknüpft werden AND, OR, XOR, NOT

Beispiel

SELECT * FROM KnowlegeBase WHERE Thema >= „J" AND Thema <= „M"

2. Ähnlichkeiten

LIKE

Beispiel

SELECT * FROM KnowlegeBase WHERE Titel LIKE „*er*"

3. Null-Werte

IS NULL

SELECT * FROM KnowlegeBase WHERE Quelltext IS NULL

4. Klammern (werden zuerst ausgewertet)

(Für eine ausführliche Anleitung zur Abfragesprache SQL studieren sie am Besten ein entsprechendes Buch)

12. Programme in den Vordergrund holen

Eventuell werden einige Zusatzprogramme der KnowledgeBase, wie z.b. der PDFCreator, hinter der Access-Umgebung, in der Taskleite oder sogar im Infobereich geöffnet. Dies erschwert die Arbeit mit der KnowledgeBase natürlich sehr.

Falls dies auf ihrem Computer der Fall wäre, liegt dies an den Einstellungen von Windows.

Die KnowledgeBase prüft beim Startern ob eine Anpassung notwendig ist. Falls dem so ist wird diese Vorgenommen und sie erhalten eine Meldung mit einem entsprechenden Hinweis. Anschließend wird der Computer neu gestartet.

Beim nächsten Start der KnowledgeBase können sie dann ganz normal weiterarbeiten.

13. Globale Variablen und API Funktionen

```
Option Compare Database
Option Explicit

' benötigte API-Deklarationen
Private Declare Function FindProgWindow Lib "user32" _
  Alias "FindWindowA" (ByVal szClass$, ByVal szTitle$) _
  As Long

Private Declare Function BlockInput Lib "user32" (ByVal fBlock As Long) _
As Long

Private Declare Function ShowCursor Lib "user32" ( _
  ByVal bShow As Long) As Long

Private Declare Sub Sleep Lib "kernel32.dll" (ByVal dwMilliseconds As Long)

Private Declare Function RasEnumConnections Lib "rasapi32.dll" _
  Alias "RasEnumConnectionsA" ( _
  lpRasCon As Any, _
  lpcb As Long, _
  lpcConnections As Long) As Long

Private Declare Function RasGetProjectionInfo Lib "rasapi32.dll" _
  Alias "RasGetProjectionInfoA" ( _
  ByVal hRasConn As Long, _
  ByVal rasProjectionType As Long, _
  lpProjection As Any, _
  lpcb As Long) As Long

Private Declare Function SearchJTreeForFile _
  Lib "imagehlp.dll" (ByVal RootPath As String, _
  ByVal InputPathName As String, _
  ByVal OutputPathBuffer As String) As Long

Private Declare Function api_GetWindowsDirectory Lib _
    "kernel32" Alias "GetWindowsDirectoryA" _
    (ByVal lpBuffer As String, ByVal nSize As Long) As Long
  Private Type RASCONN
```

225

```vb
  dwSize As Long
  hRasConn As Long
  szEntryName(256) As Byte
  szDeviceType(16) As Byte
  szDeviceName(128) As Byte
End Type

Private Enum RASPROJECTION
  RASP_Amb = &H10000
  RASP_PppNbf = &H803F&
  RASP_PppIpx = &H802B&
  RASP_PppIp = &H8021&
  RASP_Slip = &H20000
End Enum

Private Type RASPPPIP
  dwSize As Long
  dwError As Long
  szIpAddress As String * 16
  szServerIpAddress As String * 16
End Type

Dim clipboard As New clipboard
Dim SA As String
Dim ta As String
Dim ns As String
Dim ws As DAO.Workspace
Dim db As DAO.Database
Dim rs As DAO.Recordset
Dim neuersatz As Boolean
Dim ende As Boolean
Dim neuersatz2 As Boolean
Dim US As String
Dim UT As String
Dim UTI As String
Dim UB As String
Dim UQ As String
Dim dasmerken As DAO.Recordset
Dim dasmerkenSuchen As DAO.Recordset
Dim merken As Boolean
```

```vb
Dim DokumentAkte() As String
Dim Mehrseiten() As Boolean
Dim Seitenzahl() As Long
Dim aktex%
Dim aktionloeschen As Boolean
Dim verteiler As Boolean
Dim verteilerliste() As String
Dim verteilerindex As Long
Dim xyDPI As String
Dim BilderAnzeigen As Boolean
Dim inbearbeitung As Boolean
Dim sxalt As String
Dim txalt As String
Dim lightGUI As Boolean
Dim aktivid As Long
Dim progStart As Single

Private Const SND_SYNC = 0
Private Const SND_ASYNC = 1
Private Const SND_NODEFAULT = 2
Private Const SND_LOOP = 8
Private Const SND_NOSTOP = 16
Private Const olMailItem = 0
Private Const MAX_PATH = 259

Const JVerzeichnisse = 100

'EZTW32 functions for interfacing with a scanner
Private Declare Function TWAIN_AcquireToFilename Lib "EZTW32.dll" _
(ByVal hwndApp As Long, ByVal sFile As String) As Long
Private Declare Function TWAIN_SelectImageSource Lib "EZTW32.dll" _
(ByVal hwndApp As Long) As Long
Private Declare Function TWAIN_IsAvailable Lib "EZTW32.dll" () As Long

Private Declare Function LoadLibrary Lib "kernel32" Alias _
"LoadLibraryA" (ByVal lpLibFileName As String) As Long
Private Declare Function FreeLibrary Lib "kernel32" _
(ByVal hLibModule As Long) As Long

Private Declare Function StretchBlt Lib "gdi32" (ByVal hDestDC As Long, _
```

```vb
ByVal X As Long, ByVal Y As Long, ByVal nWidth As Long, ByVal nHeight _
As Long, ByVal hSrcDC As Long, ByVal xSrc As Long, ByVal ySrc As Long, _
ByVal ClipX As Long, ByVal ClipY As Long, ByVal dwRop As Long) As Long

Private Declare Function SetStretchBltMode Lib "gdi32" (ByVal hDestDC _
As Long, ByVal nStretchMode As Long) As Long

Private Const STRETCHBLT_HALFTONE As Long = 4

Dim hLib As Long
Dim ProgramPath As String
Dim ScanEnabled As Boolean

Private Declare Function sndPlaySound Lib "winmm.dll" Alias _
"sndPlaySoundA"(ByVal lpszSoundName As Any, ByVal uFlags As Long) As Long
Private Declare Function GetSystemMetrics Lib "user32" (ByVal i As Long) _
As Long
Private Declare Function waveOutGetNumDevs Lib "winmm.dll" () As Long

Private Enum SystemTyp
  sWin95 = 1
  sWin98 = 2
  sWinNT = 3
  sWin2000 = 4
  sWinMe = 5
  sWinXP = 6
End Enum

Private Type OSVERSIONINFO
  dwOSVersionInfoSize As Long
  dwMajorVersion As Long
  dwMinorVersion As Long
  dwBuildNumber As Long
  dwPlatformId As Long
  szCSDVersion As String * 128
End Type

Private Const VER_PLATFORM_WIN32s = 0
Private Const VER_PLATFORM_WIN32_WINDOWS = 1
Private Const VER_PLATFORM_WIN32_NT = 2
```

```
Private Declare Function GetVersionEx Lib "kernel32" Alias "GetVersionExA" _
    (lpVersionInformation As OSVERSIONINFO) As Long
Private Type BrowseInfo
    hwndOwner As Long
    pIDLRoot As Long
    pszDisplayName As Long
    lpszTitle As Long
    ulFlags As Long
    lpfnCallback As Long
    lParam As Long
    iImage As Long
End Type
Private Const BIF_RETURNONLYFSDIRS = 1
Private Declare Function lstrcat Lib "kernel32" Alias "lstrcatA" _
    (ByVal lpString1 As String, ByVal lpString2 As String) As Long
Private Declare Sub CoTaskMemFree Lib "ole32.dll" (ByVal hMem As Long)
Private Declare Function SHBrowseForFolder Lib "shell32" _
(lpbi As BrowseInfo) As Long
Private Declare Function SHGetPathFromIDList Lib "shell32" _
(ByVal pidList As Long, ByVal lpBuffer As String) As Long

,Diverse APIs deklarieren
Private Declare Function CreateProcess Lib "kernel32" Alias _
                        "CreateProcessA" ( _
    ByVal lpAppName As Long, _
    ByVal lpCmdLine As String, _
    ByVal lpProcAttr As Long, _
    ByVal lpThreadAttr As Long, _
    ByVal lpInheritedHandle As Long, _
    ByVal lpCreationFlags As Long, _
    ByVal lpEnv As Long, _
    ByVal lpCurDir As Long, _
    lpStartupInfo As STARTUPINFO, _
    lpProcessInfo As PROCESS_INFORMATION _
    ) As Long

Private Declare Function WaitForSingleObject Lib "kernel32" ( _
    ByVal hHandle As Long, _
    ByVal dwMilliseconds As Long _
```

```vb
  ) As Long

Private Declare Function CloseHandle Lib "kernel32" ( _
  ByVal hObject As Long _
  ) As Long

'Einige Konstanten benennen
Private Const NORMAL_PRIORITY_CLASS  As Long = &H20&
Private Const INFINITE As Long = -1&
Private Const WAIT_TIMEOUT As Long = 258&

'Einige Datentypen erstellen
Private Type STARTUPINFO
  cb As Long
  lpReserved As String
  lpDesktop As String
  lpTitle As String
  dwX As Long
  dwY As Long
  dwXSize As Long
  dwYSize As Long
  dwXCountChars As Long
  dwYCountChars As Long
  dwFillAttribute As Long
  dwFlags As Long
  wShowWindow As Integer
  cbReserved2 As Integer
  lpReserved2 As Integer
  hStdInput As Long
  hStdOutput As Long
  hStdError As Long
End Type

Private Type PROCESS_INFORMATION
  hProcess As Long
  hThread As Long
  dwProcessID As Long
  dwThreadID As Long
End Type
' Zunächst die benötigten API-Deklarationen
```

```vb
Private Declare Function GetSystemDirectory Lib "kernel32" _
 Alias "GetSystemDirectoryA" ( _
 ByVal lpBuffer As String, _
 ByVal nSize As Long) As Long
Private Declare Function GetWindowsDirectory Lib "kernel32" _
 Alias "GetWindowsDirectoryA" ( _
 ByVal lpBuffer As String, _
 ByVal nSize As Long) As Long

Private Declare Function GetShortPathName Lib "kernel32" _
 Alias "GetShortPathNameA" (ByVal LongPath As String, _
 ByVal ShortPath As String, ByVal BufferSize As Long) As Long

Private Declare Function ShellExecute Lib "shell32" Alias "ShellExecuteA" _
                 (ByVal hWnd As Long, _
                  ByVal lpOperation As String, _
                  ByVal lpFile As String, _
                  ByVal lpParameters As String, _
                  ByVal lpDirectory As String, _
                  ByVal nShowCmd As Long) As Long
Private Declare Function SearchTreeForFile Lib "imagehlp.dll" ( _
     ByVal RootPath As String, ByVal InputPathName As String, _
     ByVal OutputPathBuffer As String) As Long

Const findenMAX_PATH = 160

Private Declare Function SystemParametersInfo Lib "user32" _
    Alias "SystemParametersInfoA" (ByVal uAction As Long, _
    ByVal uParam As Long, ByVal lpvParam As Any, _
    ByVal fuWinIni As Long) As Long
Private Declare Function SendMessage Lib "user32" _
 Alias "SendMessageA" ( _
 ByVal hWnd As Long, _
 ByVal wMsg As Long, _
 ByVal wParam As Long, _
 ByVal lParam As Long) As Long
Private Declare Function FindWindow Lib "user32" _
  Alias "FindWindowA" (ByVal szClass$, ByVal szTitle$) _
  As Long
' und die zu verwendenden Konstanten
```

```
Private Const WM_SYSCOMMAND = &H112&
Private Const SC_SCREENSAVE = &HF140&

Private Declare Function ShellSearch& Lib "shell32.dll" _
Alias "ShellExecuteA" (ByVal hWnd As Long, _
ByVal lpOperation As String, _
ByVal lpFile As String, ByVal lpParameters As String, _
ByVal lpDirectory As String, _
ByVal nShowCmd As Long)

Private Const SW_SHOWNORMAL = 1

Private objFSO As Object
Private objFolder As Object
Private astrFiles() As String

Dim wielangeAn As Date
Dim KeineButtons As Boolean

Dim BSchalter As Boolean
Dim EinsEins As Boolean
Dim EinsZwei As Boolean
Dim EinsDrei As Boolean
Dim EinsVier As Boolean
Dim EinsFünf As Boolean
Dim EinsSechs As Boolean
Dim EinsSieben As Boolean
Dim EinsAcht As Boolean
Dim ZweiEins As Boolean
Dim ZweiZwei As Boolean
Dim ZweiDrei As Boolean
Dim DreiEins As Boolean
Dim DreiZwei As Boolean
Dim DreiDrei As Boolean
Dim DreiVier As Boolean

Dim VierEins As Date
Dim VierZwei As Boolean
Dim VierDrei As Boolean
Dim VierVier As Boolean
```

```
Dim VierFuenf As Boolean
Dim VierSechs As Boolean
Dim VierSieben As Boolean
Dim VierAcht As Boolean
Dim VierNeun As Boolean
Dim VierZehn As Boolean
Dim VierElf As Boolean
Dim VierZwoelf As Boolean
Dim VierDreizehn As Boolean
Dim VierVierzehn As Boolean
Dim VierFuenfzehn As Boolean
Dim VierSechszehn As Boolean
Dim VierSiebzehn As Boolean
Dim FuenfEins As Boolean
Dim FuenfZwei As Boolean
Dim FuenfDrei As Boolean
Dim FuenfVier As Boolean
Dim FuenfFuenf As Boolean
Dim FuenfSechs As Boolean

Dim SechsEins As Boolean
Dim SechsZwei As Boolean
Dim SechsDrei As Boolean
Dim SechsVier As Boolean
Dim SechsFuenf As Boolean
Dim SechsSechs As Boolean
Dim SechsSieben As Boolean

Dim SiebenEins As Boolean
Dim SiebenZwei As Boolean
Dim SiebenDrei As Boolean
Dim SiebenVier As Boolean
Dim SiebenFuenf As Boolean
Dim SiebenSechs As Boolean
Dim SiebenSieben As Boolean
Dim SiebenAcht As Boolean

Dim AchtEins As Boolean
Dim AchtZwei As Boolean
Dim AchtDrei As Boolean
```

```
Dim AchtVier As Boolean
Dim AchtFuenf As Boolean

Dim NeunEins As Boolean
Dim NeunZwei As Boolean
Dim NeunDrei As Boolean

Dim ZehnEins As Boolean
Dim ZehnZwei As Boolean
Dim ZehnDrei As Boolean

Dim ElfEins As Boolean
Dim ElfZwei As Boolean
Dim ElfDrei As Boolean
Dim ElfVier As Boolean

Dim ZwoelfEins As Boolean
Dim ZwoelfZwei As Boolean
Dim ZwoelfDrei As Boolean
Dim ZwoelfVier As Boolean

Dim DreizehnEins As Boolean
Dim DreizehnZwei As Boolean
Dim DreizehnDrei As Boolean
Dim DreizehnVier As Boolean
Dim DreizehnFuenf As Boolean

Dim VierzehnEins As Boolean
Dim VierzehnZwei As Boolean
Dim VierzehnDrei As Boolean
Dim VierzehnVier As Boolean

Dim FuenfzehnEins As Boolean
Dim FuenfzehnZwei As Boolean

Dim besucht() As Boolean
Dim Graph() As Long
Dim verschlagwortung As Boolean
Dim dublette As Boolean
Dim Masterpfad As String
```

```vba
Dim cmdBar As CommandBar
Dim kreis As Boolean
Dim beendenerlauben As Boolean
Dim masterzahl As Long
Dim xanz As Boolean
Dim istUndoMoeglich As Boolean
Dim marktext As String
Dim aakt As Long
Dim xWievielS As Long
Dim sprachausgabe As Boolean
Dim zwischenablage As String

Dim mWissensartikel As CommandBarPopup
Dim mNeuerEintrag As CommandBarButton
Dim mSachverhalt As CommandBarButton
Dim mThema As CommandBarButton
Dim mSuchen As CommandBarButton
Dim mSammlung As CommandBarButton
Dim mAkte As CommandBarButton
Dim mStruktur As CommandBarButton
Dim mStrukturDrucken As CommandBarButton
Dim mTextverarbeitung As CommandBarButton
Dim mWorkflowText As CommandBarButton
Dim mHighlighting As CommandBarButton
Dim mKnowledgeMap As CommandBarButton
Dim mKonklusion As CommandBarButton
Dim mNotiz As CommandBarButton
Dim mWorkflowWF As CommandBarButton
Dim mFilter As CommandBarButton
Dim mAutostempel As CommandBarButton
Dim mDokumente As CommandBarPopup
Dim mScannen As CommandBarButton
Dim mAnzeigen As CommandBarButton
Dim mBild As CommandBarButton
Dim mDokumentLoeschen As CommandBarButton
Dim mStempel As CommandBarButton
Dim mOCR As CommandBarButton
Dim mTextLaden As CommandBarButton
Dim mInternet As CommandBarPopup
Dim mInternetProg As CommandBarButton
```

```vba
Dim mSprachmemo As CommandBarPopup
Dim mAufnehmen As CommandBarButton
Dim mAbspielen As CommandBarButton
Dim mStop As CommandBarButton
Dim mSoundLoeschen As CommandBarButton
Dim mSound As CommandBarButton
Dim mImExport As CommandBarPopup
Dim mQuelltextLaden As CommandBarButton
Dim mQuelltextSpeichern As CommandBarButton
Dim mArtikelSpeichern As CommandBarButton
Dim mArtikelVersenden As CommandBarButton
Dim mAblageKopieren As CommandBarButton
Dim mAblageEinfuegen As CommandBarButton
Dim mAblageLoeschen As CommandBarButton
Dim mAblageInhalt As CommandBarButton
Dim mSystem As CommandBarPopup
Dim mInitialisieren As CommandBarButton
Dim mBackup As CommandBarButton
Dim mSupport As CommandBarButton
Dim mHilfe As CommandBarPopup
Dim mHilfeAufrufen As CommandBarButton
Dim mProgrammInfo As CommandBarButton
Dim mUmgebung As CommandBarPopup
Dim mDrucker As CommandBarButton
Dim mConnection As CommandBarButton
Dim mVerzeichnis As CommandBarButton
Dim mBrennen As CommandBarButton
Dim SWAus As Boolean
Dim ProgExodus As Boolean
```